AF604065

Zone d’ombres

Lucien Liroy

Zone d'ombres

Roman

ISBN : 979-10-377-9678-3

I
Le grand basculement

Montpellier, mercredi 14 mars 1990

Thomas sortit du lit en s'étirant. Il était en sueur malgré sa nudité. Il se dirigea vers la salle d'eau et se remplit un grand verre d'eau au robinet du lavabo. Il le but d'une traite pour éteindre le feu qui le brûlait. Il en avala deux autres sans reprendre son souffle. Il n'avait pas l'habitude de se saouler et n'avait pas l'intention de commencer. Il regretta, néanmoins, de ne pas avoir une bouteille d'alcool sous la main pour éliminer les souillures dont son corps et son esprit devaient être purifiés. Faute de mieux, il but un quatrième verre d'eau. Puis un autre encore. Il reposa enfin le verre sur le bord du lavabo et resta un instant immobile, la tête baissée, se grattant doucement la nuque.

Il aurait voulu que tout le monde sache qui il était vraiment. Son existence quotidienne avait pris, au fil des ans, un sens qu'il ne se sentait plus capable de suivre. Cela lui paraissait déjà incroyable qu'il eût pu tenir jusqu'à ce jour. Malgré une réussite professionnelle incontestable, il s'était toujours senti comme inexistant. Il n'avait fait qu'habiter dans le corps d'un d'autre, négligeant du même coup sa propre existence. Toutes ces années étaient passées pour rien. À l'approche de la quarantaine, il se sentait aussi incapable de continuer de jouer le jeu, que de jeter le masque et de vivre enfin pour lui-même.

Dehors il faisait froid. Il le sentait dans son corps. La vieille blessure, dont la cicatrice lui barrait le flanc droit, l'en avait prévenu depuis la veille. Cependant, un soleil radieux incendiait les rideaux, gage d'une fin de journée plus douce et, somme toute, agréable, comme celle de la veille. Après l'hiver qu'il avait subi dans la région parisienne, et qui n'était pas terminé puisqu'il n'était encore que le quatorze mars, c'était un grand soulagement. Il avait eu si froid, avec toute cette neige qui s'était plaquée, comme de la gale, sur les pelouses, sur les toits, et même, il l'aurait juré, sur ses organes, et qui s'était accrochée ainsi durant un temps qui lui avait paru interminable.

Un grondement monta du lointain, s'amplifiant rapidement. Thomas s'approcha de la fenêtre. Le train en provenance de Paris passa dans un grand bruit de ferraille sur la voie qui longeait la rue Du Guesclin, se dirigeant vers la gare de Montpellier, toute proche. Des voyageurs fatigués par une nuit de mauvais sommeil, encombrés de bagages, se rapprochaient d'un pas incertain des portes des wagons. Cela lui rappela qu'il n'avait pratiquement pas fermé l'œil de la nuit. Les jambes légèrement flageolantes, il se sentait pourtant bien, mieux en tout cas que ces derniers temps. Ni le souper bien arrosé de la veille ni les ébats amoureux, qui s'étaient prolongés jusqu'aux premières heures du jour, n'avaient laissé de trace dans son corps. Au contraire, une joie, un bonheur même, indéfinissable, l'avait investi.

C'était sûrement un signe favorable du destin que d'avoir ainsi pu retrouver si facilement ce studio meublé qu'il avait occupé douze ans auparavant, lors de ses premières vacances impécunieuses à Montpellier. C'était une autre époque, une autre vie même, à laquelle il ne voulait plus penser. Il n'y avait d'ailleurs rien de cette existence-là dont il eut aimé se souvenir. Il n'avait pas de passé, il préférait croire qu'il était né la veille.

Il avait l'impression d'être au sommet d'une haute montagne. Même si, au-delà, la voie ferrée, l'amas serré des maisons et des immeubles de la ville barraient son horizon, son regard portait à l'infini, au-delà de tout ce qu'il voyait. La vie était là-bas, mais il ne savait pas très bien ce que ce mot signifiait vraiment. Il était un embryon dans la matrice du monde. Quelque chose encore informe. Peu lui importait, le moment n'était pas encore venu de penser. C'était cela sa vie, un vide qu'il allait devoir remplir.

Un couple de personnes âgées passait lentement sur le trottoir, juste sous la fenêtre, fort heureusement sans lever les yeux, mais, par réflexe, Thomas se recula vivement. Il se tourna vers le lit. La fille était toujours là, étalée sur les draps défaits, exhibant dans son sommeil impudique les traces séchées de leurs ébats nocturnes. Aussi incroyable que cela pouvait paraître, Thomas se sentait amoureux de cette parfaite inconnue qu'il n'avait rencontrée que la veille et dont il avait même oublié le prénom. Cela ne l'inquiétait pas, bien qu'elle eût pu être une prostituée occasionnelle. Il avait toujours eu la faculté de contrôler ses sentiments. Il savait les laisser envahir son corps sans jamais lui monter à la tête.

La jeune femme, quel que fût son nom, n'avait fait aucune difficulté pour accepter son invitation à souper et c'était tout naturellement qu'elle l'avait suivi, sans poser la moindre question, sans que rien d'essentiel eût été dit. De fait, ils n'avaient pas, à proprement parler, dialogué durant la soirée. Il s'était seulement contenté de demeurer le plus conscient possible de cette nouvelle vie qui commençait, de rester attentif aux détails les plus ordinaires, comme sa respiration ou les odeurs des rues. Mais, maintenant qu'il était réveillé, il se sentait incapable de la supporter plus longtemps, ce qui ne diminuait nullement le sentiment presque physiquement décalé qu'il sentait en lui. Il avait l'impression que c'était un double de lui-même, proche à se confondre avec lui, qui éprouvait de l'amour alors que lui-même n'était qu'indifférence.

Il s'accroupit près du lit et l'observa un moment. Son prénom lui revint à l'esprit, Corinne. Il eut un instant d'hésitation, puis il tendit la main et la secoua doucement par l'épaule.

— Réveillez-vous, dit-il.

Corinne ouvrit un œil et lui sourit. Il faillit se laisser attendrir par sa beauté et par la grâce qui transparaissait dans ce simple mouvement de l'œil.

— Que se passe-t-il ? demanda-t-elle.

— Il ne se passe rien de spécial. Il faut que vous partiez.

Corinne ne bougea pas. Elle continuait à sourire.

— Tu n'as pas été heureux avec moi ?

Elle eut un geste tendre vers Thomas qui se recula légèrement.

— Allons, lève-toi !

— Dis donc ! dit-elle d'un air amusé tout en se levant.

Elle était encore plus belle qu'il ne l'avait cru tout d'abord. Éblouissante même, malgré la nuit blanche et ses cheveux défaits. Ses seins tendus et ses hanches fermes, qui, il le savait, tenaient leurs promesses.

Ce qui surprenait surtout Thomas, c'était l'attitude de Corinne. Habillée ou nue, elle se comportait comme une adolescente innocente et virginale. Comme une jeune fille amoureuse pour la première et dernière fois, comme on l'est à seize ans. Sans aucune arrière-pensée. Son regard limpide semblait l'envelopper, l'irradiant d'amour. Il avait l'impression d'entendre parler ses yeux qui lui disaient : « Je t'aime. Je t'aime ». Il dut faire un effort pour s'en détacher.

— Tu n'es pas content ?

— La question n'est pas de savoir si je suis content ou pas. Nous avons passé ensemble un moment que, pour ma part, j'estime très agréable, mais…

— Seulement agréable ?

— Super, si tu veux, mais cela s'arrête là.

— Mais, je ne veux pas que nous nous quittions ainsi. Ce n'est pas possible.

Elle parlait d'une voix douce et tranquille.

— Qu'est-ce qui n'est pas possible ?

— Qu'on ne se revoie plus !

— Je ne vais quand même pas t'épouser parce que nous avons fait l'amour cette nuit. Cela s'est passé par hasard !

Corinne se redressa vivement, mais toujours sans la moindre agressivité.

— Par hasard ? Comment cela, par hasard ? dit-elle avec une certaine fougue.

— Nous nous sommes bien rencontrés par hasard, n'est-ce pas ?

— Ça, d'accord, mais de là penser que j'aurais pu suivre n'importe qui…

— C'est pourtant ce que tu as fait… Je suis n'importe qui !

— Pour qui me prends-tu ?

Son regard limpide donnait le vertige à Thomas. Il dut faire un effort pour lui répondre.

— Pour une gentille fille qui aime bien faire l'amour, qui le fait bien. Je ne vois aucun mal à cela. Au contraire, puisque j'en ai profité.

— Alors ?

Elle avait dit cela d'une voix de petite fille. Thomas se sentit encore plus désarmé. Il détourna la tête pour cacher son trouble.

— Tu veux peut-être de l'argent ?

Elle ne répondait pas. Il la regarda de nouveau, s'efforçant de demeurer impassible.

— Dans ce cas tu aurais dû le dire avant. Je n'ai pas du tout l'habitude de payer pour faire l'amour.

Elle le regardait, l'air étonné.

— Eh bien ! Quoi ? Tu m'as suivi sans que je te le demande.

— Mais, il n'a jamais été question d'argent.

— Alors, tu peux t'en aller.

Il lui tendit ses vêtements et commença à s'habiller lui-même. Elle se leva comme à regret et prit les vêtements.

— Puis-je au moins prendre une douche ?

— Si tu veux, mais je n'ai aucune serviette à te passer.

Corinne regarda autour d'elle comme si elle découvrait le studio. Elle alla jusqu'au lavabo et se débarbouilla rapidement. Quand elle fut prête, elle s'approcha de lui sans oser le toucher.

— À bientôt ?

Il ne répondit pas ; elle sortit, l'air triste.

* * *

Resté seul, Thomas repensa au luxueux bureau de son entreprise de placement d'informaticiens. Il se revoyait entrant dans l'immeuble cossu du boulevard Suchet dans le seizième arrondissement, à Paris, respectueusement salué par le concierge. Puis, derrière son bureau directorial, un homme en complet anthracite en face de lui. C'était une situation qui se répétait plusieurs fois par jour. Il se rendait maintenant compte que pendant toutes ces années il avait vécu mécaniquement. « Passez-le-moi ! », « Allô ! Monsieur Delerme ? », « Oui ! », « Il faut absolument que nous nous voyions le plus tôt possible », « Je vous repasse ma secrétaire, qui vous fixera un rendez-vous ». Tous ces mots qu'il avait répétés cent fois en s'efforçant d'y mettre quelque conviction n'avaient plus aucun sens pour lui.

Il ne se sentait pas mieux, chez lui, dans la salle à manger de style Renaissance hollandaise qu'il avait pourtant lui-même choisie. Les repas, plus tristes les uns que les autres, avec Élisabeth, sa femme, et Steeve, qui lui apparaissait déjà comme un étranger à cinq ans, bien qu'il fût incontestablement son fils. Cette famille lui avait toujours été étrangère, mais il n'avait commencé à en prendre conscience que depuis peu. Steeve, Élisabeth et les autres étaient aussi différents de lui que s'il avait débarqué d'une lointaine galaxie. Il en avait toujours été ainsi ; leurs relations n'avaient été que malentendus et quiproquos.

Thomas pensait à tout cela, sans amertume. Il avait même le sentiment étrange de ne pas être personnellement concerné, de n'être qu'un observateur au milieu d'une faune qu'il considérait avec indifférence. Cela avait été le cas la dernière fois où il avait dîné en famille. Ce repas avait été un modèle du genre. Thomas épiait Élisabeth, une magnifique brune, grande et robuste. Il avait toujours été sensible à cette carnation ferme que l'on trouve chez les artistes de cirque, qui donne une attitude altière et une allure saine. Betty, tout le monde l'appelait ainsi, avait la mine boudeuse, comme toujours. Elle jouait nerveusement avec sa fourchette, dispersant les aliments dans son assiette.

— Si nous allions à Cabourg pour le week-end ? avait-elle dit. On annonce un temps magnifique.

Il avait, bien entendu, dû acheter une maison au bord de la mer. Cabourg n'avait pas été un choix ; ils y étaient le jour où il en avait eu assez de ses perpétuelles réclamations. Il avait accepté la première proposition de l'agence immobilière la plus proche. Sur le plan financier, cela avait été une affaire. D'autant plus qu'elle avait aussi servi à quelques escapades avec ses conquêtes, sous le couvert de déplacements professionnels.

Thomas avait fait semblant de ne pas avoir entendu sa femme.

— D'accord ? insista-t-elle.

— J'ai un client très important à voir à Grenoble. Je ne sais pas si je pourrai me libérer.

— Tu as toujours une bonne excuse.

— Il ne s'agit d'une excuse, ce rendez-vous a été pris depuis très longtemps.

— C'est cela, oui ! dit-elle sur un ton ironique. Si tu penses que je te crois…

— Vas-y avec Steeve ! Je vous y rejoindrai dès que je pourrai.

Élisabeth lui jeta un regard noir.

— Puisque nous comptons si peu pour toi, j'irai avec Steeve passer quelques jours chez maman.

Thomas ne l'écoutait pas. Il pensait au destin, à cette force qui pouvait nous pousser à faire à un moment ce que nous n'aurions jamais fait à d'autres. Pas seulement des actes inconscients. La plupart du temps nous savons parfaitement que nous faisons une bêtise, parfois une folie, mais nous la faisons quand même. Ainsi, il n'avait jamais éprouvé pour Élisabeth un sentiment qui eut pu justifier leur mariage. Rien qui ressembla à ce qu'il avait ressenti, dès le premier regard, envers Corinne. Il se demandait comment il avait pu décider de l'épouser. À cause, peut-être d'un sentiment de devoir, injustifié, qu'elle avait su susciter en lui.

La nuit qui avait suivi ce repas, Thomas n'avait pu que constater que cette étrange indifférence ne l'avait pas quitté. Dans le grand lit

Louis II qu'Élisabeth avait trouvé chez un brocanteur, et qu'il détestait. Couché sur le dos, les mains croisées derrière la nuque, il laissait ses pensées divaguer. Élisabeth était entrée dans la chambre et s'était allongée sans un mot, lui tournant le dos, comme toutes les nuits. D'habitude, il ressentait à cette heure-là une forte excitation sexuelle qu'il laissait longuement monter en puissance avant de se résoudre à plaquer son sexe tendu contre les fesses de sa femme, la tête envahie de fantasmes. Élisabeth n'avait jamais la moindre réaction, même lorsqu'il caressait longuement son corps. Il aimait particulièrement pétrir ses fesses et malaxer sa vulve humide. Les mains de Thomas étaient très sensibles et ce pétrissage lui donnait un plaisir infini. Son excitation s'amplifiait de plus en plus, au point de provoquer parfois de puissants orgasmes sans éjaculation.

Il commençait souvent par imaginer faire l'amour à la femme qui lui venait à l'esprit, sur le lieu même où il l'avait vue, entraperçue parfois. Dans la file d'attente d'une caisse de supermarché, dans la rue, sur une place publique. Insistant sur le détail anatomique qui l'avait ému, touché ou bouleversé. Il pouvait imaginer, durant plusieurs rapports successifs, caresser longuement une jambe bien galbée, des fesses rebondies ou ses seins lourds, avant que ces relations virtuelles n'évoluent d'elles-mêmes, de manière inattendue.

Au matin, Thomas était toujours couché sur le dos, les yeux ouverts. Il avait probablement dormi, mais il n'en avait aucun souvenir. La lumière du jour qui venait de la fenêtre aux volets ouverts commençait à dissiper l'ombre. Élisabeth non plus n'avait pas bougé de l'extrême bord du lit. Sa respiration était régulière ; elle semblait dormir profondément. Il s'était levé en feignant de faire attention à ne pas la réveiller et sortit de la chambre. Une fois vêtu d'un costume trois pièces bien coupé, il avait rouvert la porte de la chambre, était entré à pas de loup et s'était approché doucement du lit. Il avait tendu la main comme pour la toucher, mais il y avait renoncé et était ressorti toujours silencieux.

Dehors, Thomas avait fait quelques pas dans la cour et s'était tourné vers la maison. Il se rappela alors un rêve qu'il avait fait la semaine précédente, dans lequel il se préparait pour un long voyage. Vêtu d'une tenue d'explorateur, il prenait des aliments dans le réfrigérateur pour en remplir une musette. Il y avait des gens qui lui disaient au revoir en pleurant. Curieusement, dans le rêve, il était persuadé qu'il partait définitivement, en tout cas, pour très longtemps.

Il avait regardé la grande maison bourgeoise de couleur grise, entourée d'une palissade de fer forgé noir, mais sans penser à rien. Il avait ouvert le portail donnant sur la rue, puis la porte du garage, il s'était installé au volant de sa voiture et était resté assis ainsi quelques minutes. « Il y a des gens avec qui aucune entente n'est possible », avait-il murmuré. Il ne savait ni où ni quand il avait entendu cette phrase, mais elle était vraie en ce qui concernait Élisabeth. Il l'avait su dès le début de leur relation, mais elle était déjà enceinte. Bien qu'elle eût manifestement fait exprès, il avait tenu à faire face à ses responsabilités. Son existence à elle, c'était les problèmes. Elle ne pouvait vivre que dans une atmosphère de conflits, de bouderies, de fâcheries, de reproches, de disputes, de provocations, de menaces, d'explications confuses, sans jamais se rendre compte que, non seulement cela n'avait aucune importance pour lui, mais encore qu'il n'aimait pas du tout ce climat d'affrontements et de controverses.

Quand Thomas eut arrêté sa voiture devant l'immeuble du boulevard Suchet, il se rendit compte qu'il ne savait même pas comment il y était arrivé. Il avait conduit en état second dans les inévitables embouteillages des heures de pointe. Il s'apprêtait à ouvrir la portière, quand il remarqua un camion qui était arrêté devant sa voiture. Il lut à haute voix l'enseigne peinte sur le hayon arrière : « Lopez déménagements, Nîmes-Paris ». Ces mots le fascinaient. Il se revit attablé dans la grande salle du « Lisita », un restaurant du boulevard des Arènes à Nîmes. Il sentit dans la bouche le goût du « Pied d'agneau en crépine » qu'il y avait dégusté.

Un homme en salopette blanche passa entre le camion et sa voiture et se dirigea vers l'avant gauche du véhicule. Thomas le regardait comme s'il s'agissait d'un fantôme. L'homme ouvrit la portière et grimpa dans la cabine. La portière se referma, le clignotant gauche s'alluma et le camion s'engagea dans l'avenue. Sans même y penser, Thomas tourna la clé de contact et démarra à la suite du camion.

— Et puis merde ! avait-il dit en riant.

II
Retour aux sources

Il avait suivi le camion, méthodiquement, comme s'ils roulaient en convoi. Bien que sa puissante « Jaguar » eût pu monter à plus de deux cents kilomètres-heure, il s'appliqua à imiter toutes les manœuvres du mastodonte. Les deux véhicules s'étaient ainsi engagés sur l'autoroute du Sud. Le camion semblait chargé, il n'avançait pas très vite, surtout dans les côtes, mais Thomas ne le doubla pas. Néanmoins, lorsqu'il sortit à Valence, Thomas poursuivit sa route. Alors, et seulement alors, il s'était senti libre. Il desserra sa cravate et mit en marche la radio. Il rechercha une station qui diffusait de la musique moderne. Il se surprit même à sourire aux automobilistes qui le doublaient, alors que d'habitude, il se serait fait un point d'honneur à les rattraper et à les dépasser.

À trois heures de l'après-midi, Thomas était à Montpellier. Il ne s'était arrêté que pour refaire le plein d'essence. Curieusement, il n'avait pas le sentiment d'avoir roulé au hasard, mais celui d'être parvenu à un but qu'il s'était fixé, inconsciemment peut-être, mais qui n'était pas totalement inconsidéré.

Il avait d'abord traîné sur la nouvelle place de la Comédie, aussi excité qu'un adolescent en fugue. Tout avait changé depuis son premier séjour. L'énorme et célèbre « œuf », qui occupait naguère le centre de la place avait disparu, de même que l'esplanade où il venait écouter des orchestres gitans dans les nuits chaudes de l'été. Tout cela avait été remplacé par une infrastructure moderne qui se prolongeait par le centre commercial du Polygone. Thomas n'en ressentait néanmoins aucune nostalgie. Le passé et le présent se chevauchaient harmonieusement dans son esprit, ce qui le rendait d'autant plus libre. Chance ou prédestination encore, il reconnut dans la foule des passants le propriétaire d'un studio qu'il avait occupé au cours de son premier séjour dans la rue Du Guesclin tout proche. Il n'y avait pourtant jamais pensé depuis. D'ailleurs, il ne l'avait vu que fort peu, son domicile personnel étant dans un autre quartier. L'homme se souvenait parfaitement de lui. Le studio était libre depuis le matin même. Encore une chance. Le couple d'étudiants québécois qui l'occupait avait dû regagner son pays d'urgence pour des raisons familiales.

* * *

Sur le moment, Thomas ne s'était posé aucune question devant ce faisceau de circonstances favorables, mais à présent qu'il était seul, il commençait à reprendre ses esprits. Il se rendait compte que c'était comme si tout avait été préparé par avance et qu'il ne faisait que suivre intuitivement un plan tracé par une main inconnue. Les choses avaient été si naturelles, si faciles depuis le moment où il avait quitté son domicile.

Pour faire la connaissance de Corinne, cela avait été tout aussi simple. Au volant de sa Jaguar, Thomas suivait une Volvo dans la montée de l'ancienne et étroite rue de l'Aiguillerie. La Volvo avait calé et Thomas ne pouvait ni doubler ni reculer, une file de voitures suivait la sienne. La conductrice, une jeune femme d'une trentaine d'années, descendit de son véhicule l'air dépité. Elle se tourna vers Thomas en écartant les bras d'impuissance. Elle était vêtue d'un tailleur bleu marine liseré de blanc, d'une élégance à la fois raffinée et discrète. Thomas descendit de voiture et avança vers elle.

— Je ne sais pas ce qu'elle a, dit la jeune femme d'une voix douce à l'accent chantant et chaleureux du midi qu'il affectionnait particulièrement et auquel il avait toujours été incapable de résister.

— Bonjour Mademoiselle ! Je ne m'y connais pas beaucoup, mais permettez que j'essaye de la faire démarrer ?

— Si vous voulez. Ce serait formidable si vous y parveniez.

Thomas s'installa au volant et tourna la clé de contact. Le démarreur ronflait normalement, mais le moteur n'avait aucune réaction bien que la jauge d'essence indiquât un réservoir presque plein. Il débloqua le capot et descendit de la voiture.

— Je pense que ce n'est peut-être pas grand-chose. Je vais jeter un œil, dit-il. Rassurez-vous, je ne mettrai pas votre moteur en pièce.

— Je vous fais confiance.

Il ouvrit le capot. Un simple coup d'œil lui avait suffi.

— Regardez ! Le câble de la bobine a sauté, probablement à cause des pavés.

Thomas le remit en place.

— Normalement, elle devrait démarrer. Vous essayez ?

— Elle vient d'être révisée. Je sors justement du garage.

— Alors ne cherchez plus, le mécanicien a dû mal le rebrancher.

— En tout cas, je vous remercie.

— Vérifiez qu'elle démarre bien avant de me remercier.

La jeune femme se mit au volant et tourna la clé. Le moteur démarra au quart de tour. Elle se pencha par la portière avec un grand sourire. Un concert de klaxons remplit la rue. Elle fit un signe d'excuse vers ses suiveurs.

— Je vous remercie beaucoup, dit-elle.

Elle paraissait hésiter.

— Puis-je vous offrir un verre ? Je vous dois bien cela.

— D'accord !

— Rejoignez-moi au Grand Café des Trois Grâces sur la place de la Comédie. Vous connaissez ?

— Très bien ! À tout de suite.

* * *

Quand Thomas entra dans le Grand Café des Trois Grâces, la jeune femme était déjà attablée près de l'immense baie vitrée. Elle l'accueillit en souriant. Il s'assit en face d'elle. Ils restèrent un moment silencieux, attendant que le serveur prît leur commande.

— Au fait, je ne me suis pas présenté, dit-il. Je m'appelle, Thomas. Thomas Marquet.

— Et moi, Corinne Delcroix.

Elle avait une bouche aux lèvres bien dessinées dont les fines commissures esquissaient un sourire. Ils avaient parlé de choses et d'autres en regardant les gens aller et venir sur la place. Sans le laisser paraître, Thomas observait Corinne. Il était fasciné. Il avait l'impression d'avoir devant lui une véritable œuvre d'art. Si ce n'était qu'elle était faite de chair vivante recouverte d'une peau fine et veloutée qui faisait ressortir un regard pétillant, à la fois, d'intelligence et de bienveillance.

Ils prirent plusieurs verres, comme s'ils ne voulaient, ni l'un ni l'autre, se quitter. De fait, dès la première seconde où leurs regards s'étaient croisés, Thomas s'était senti envahi par un sentiment étrange, ou plutôt une absence de distance et de méfiance entre eux, comme c'est le cas entre de vrais amis, des amis de longue date. Ils étaient comme en osmose. Quand il se rendit compte que la nuit était tombée, il ressentit une certaine angoisse à devoir la quitter.

— Si nous allions dîner, avait-il dit. Plus comme une suggestion qu'une question ?

— D'accord, j'ai très faim.

— Je me demandais ce qu'une fille aussi bien faite pouvait manger, si même elle mangeait ?

— Merci, c'est très gentil de dire que je ne suis pas trop grosse. En tout cas, j'adore manger et je n'ai aucun problème de poids, si c'est cela qui vous inquiète.

Elle se leva. Thomas prit le manteau léger qu'elle avait posé sur le dossier de sa chaise et le lui passa. Dehors, elle s'était naturellement accrochée à son bras et Thomas s'était subitement senti grandi, presque un géant. Il était devenu quelqu'un.

— Je connais un petit restaurant où l'on fait une cuisine excellente, dit-il.

— Allons-y ! Je vous fais confiance.

Le petit restaurant de la rue de Verdun qui proposait naguère de la cuisine chinoise s'était reconverti en auberge normande, probablement après plusieurs changements de propriétaire. Ils ne perdirent cependant pas au change. Le repas fut une véritable fête pour Thomas, une célébration, secrète, mais intense. Il était seul à savoir qu'il fêtait un événement important : sa libération. Ou plutôt, la fin d'une existence faite de contraintes, mais il se sentait encore sur le seuil de sa prison. Cette image lui rappela le jour où ils avaient déjeuné, Élisabeth et lui, sous les remparts d'Aigues-Mortes. Il n'y avait aucun rapport avec la situation présente, mais l'idée d'être un évadé en train de pique-niquer sous les murs même de sa geôle l'avait alors effleuré. Il se demandait, sans toutefois le croire vraiment, si Corinne n'était pas une nouvelle geôlière. « Peut-être, pensa-t-il alors que je suis de ceux qui ne peuvent jamais être libres et qui demeurent jusqu'à leur mort derrière les barreaux qu'ils ont eux-mêmes posés ? »

Pour le moment, il se sentait attiré par Corinne, fasciné par son regard de fauve, presque hypnotique. Il y avait comme des petites étoiles qui scintillaient dans ses yeux. Elle était belle, d'une beauté qui lui faisait penser à une star de cinéma. Bien qu'il n'y eût aucune ressemblance, il dirait Greta Garbo, pour la classe et l'élégance. Il ne l'avait pas remarqué tout d'abord, mais tout ce qu'elle portait était savamment coordonné et valait sûrement très cher. Il se sentait comme l'acteur principal d'une superproduction hollywoodienne et il savourait la situation. Il y avait cependant quelque chose qu'il ne pouvait accepter, c'était de l'avoir désirée dès le premier regard. Un désir impérieux, accompagné de la conviction inexplicable qu'il n'aurait pas pu en être autrement. Comme si elle lui était prédestinée. Cette idée lui déplaisait. Cela lui donnait l'impression d'être une marionnette manipulée par une main invisible.

Thomas avait commandé un plateau de fruits de mer qu'il reçut comme une récompense. C'était alors seulement qu'il avait compris qu'il avait, jusqu'à un certain point, prévu cet instant précis, que son comportement avait été totalement prémédité, quelque part en lui. Par exemple, ses moyens financiers lui auraient largement permis de s'offrir de la langouste, des huîtres et autres crustacés aussi souvent qu'il aurait pu le désirer, mais c'était un plat qu'il s'était interdit depuis sa dernière escapade avec Sandrine, sa maîtresse d'alors, dans un restaurant de Dieppe. L'évocation de Sandrine lui serra la poitrine. Il ferma les yeux et dut inspirer plusieurs fois profondément pour calmer les battements de son cœur. L'image de Sandrine se superposait à celle de Corinne. Sans conteste, la comparaison était en faveur de la seconde, néanmoins il avait beaucoup aimé Sandrine. Il y avait eu entre eux un sentiment tellement fort et tellement parfait qu'il se demanda, une fois de plus, comment il avait pu avoir la force – à moins que ce n'ait été de la lâcheté – de la quitter. Et avec une telle brutalité. La seule explication à sa conduite pouvait être qu'elle n'était pas très jolie. Des défauts dans le visage, un corps très menu, presque maigre, mais qui ne le lui paraissait ainsi que lorsqu'il y pensait avec de la distance, car, en sa présence, il était sous le charme, comme pris dans un tourbillon de sensualité, qu'il n'avait jamais connu avec personne d'autre. Ni avant ni après.

Corinne, elle, était belle, sans aucune réserve. D'une perfection telle que Thomas n'avait jamais imaginé rencontrer, même en rêve. Ses yeux le regardaient, lui, le regard comme ancré en lui. Avec une intelligence manifeste. Il n'avait pas besoin de se répéter ou d'expliquer. Elle avait l'air de le comprendre immédiatement et de partager avec lui ce moment privilégié.

Son tailleur sortait de toute évidence de chez un bon couturier, et ses cheveux mi-longs savamment ordonnés faisaient comme un cadre à son visage sans défaut, au maquillage discret. Néanmoins, plus que tout, c'était sa voix qui troublait Thomas, une voix d'une douceur angélique et d'une tranquille assurance, à la fois.

Après tout, pourquoi ne ferait-elle pas tout simplement partie de la fête qu'il s'offrait ? Il refusait de penser au-delà de cet instant privilégié ou de faire des projets. Il se contentait d'observer, en spectateur, le flot des pensées qui circulaient librement dans sa tête tandis qu'il décortiquait ses langoustines, débusquait ses bulots ou suivait sensuellement le trajet d'un savoureux vin d'Alsace jusqu'à son estomac. Il buvait sans réserve, mais il n'avait pas l'impression que l'alcool avait sur lui les effets habituels, lorsqu'il était en mauvaise compagnie. Pas parce que ces gens avaient été mauvais, mais il ne pouvait supporter que deux genres de rapports avec les autres, l'amour et l'amitié. Élisabeth tenait absolument à prendre l'apéritif avec lui chaque jour. Toutes les occasions étaient bonnes pour boire, mais elle finissait toujours par le prendre à partie pour des riens.

Plongé dans ses souvenirs et ses réflexions, Thomas avait peu à peu perdu conscience de la présence réelle de Corinne, que le vin avait égayée et qui parlait d'abondance, sans se soucier de ne pas recevoir de réponse. Peut-être lui répondait-il sans s'en rendre compte.

Quand ils sortirent du restaurant, la rue de Verdun était déserte. Thomas se sentait bien, pour la première fois depuis des années. Corinne s'était accrochée à son bras et un observateur éventuel aurait pu les prendre pour un couple d'amoureux. Il imagina un insomniaque tapi derrière les rideaux d'une fenêtre proche et il lui adressa un clin d'œil entendu. Ils remontèrent en direction de la place de la Comédie et tournèrent à droite pour descendre la rue Boussairolles.

— Est-ce que tu peux m'expliquer une énigme, toi qui es d'ici ?

— À cette heure-ci tout est possible, répondit Corinne d'un ton badin. Il suffit de demander.

— Qu'est-ce que tu veux dire ?

— Oh ! Je dis cela, mais c'est en tout bien, tout honneur. Que veux-tu savoir ?

— C'est quelque chose qui me tracasse depuis des années.

Il prit un air sérieux.

— Quand je dis depuis des années, c'est une façon de parler, j'y ai pensé, il y a un certain temps déjà, mais cela n'a pas été une réelle préoccupation pour moi.

— Qu'est-ce que tu racontes ? Je n'y comprends rien.

Thomas s'arrêta brusquement, l'obligeant à un rétablissement risqué.

— Voilà ! Dans la journée cette rue est pleine de prostituées, mais dès que la nuit tombe, elles disparaissent comme par enchantement. Que deviennent-elles ? Où vont-elles ?

— Alors là ?

Corinne fit un geste vague de sa main libre. Un mouvement incertain qui semblait désigner le ciel. Thomas leva les yeux.

— Tu crois qu'elles sont là-haut ?

— Qu'est-ce que tu racontes ?

Elle fit de nouveau le petit geste de la main.

— Je veux dire qu'elles doivent être quelque part, dans ces maisons. Je n'en sais rien. D'ailleurs, je ne passe pratiquement jamais par cette rue, elle ne mène nulle part. Et, je n'ai rien à y faire.

Thomas se mit à rire.

— Ça alors ! Qu'est-ce que je tiens ! Je m'imaginais ces braves filles en train de s'envoler.

Cependant, il restait lucide. Il était parfaitement conscient du fait qu'elle marchait près de lui sans poser de questions et sans qu'il l'eût invitée, et qu'ils se dirigeaient tous les deux vers le studio de la rue Du Guesclin. Cette confiance – il interprétait ainsi son attitude – l'inquiétait plus qu'elle ne le flattait. Pourquoi une jeune femme qui était manifestement d'une excellente classe sociale s'était ainsi attachée à lui comme l'aurait fait un chien perdu ? La sympathie qu'il ressentait lui-même pour elle ne faisait qu'amplifier sa méfiance.

Arrivé au studio, Thomas ouvrit la porte, fit la lumière et entra le premier. Il était conscient de se conduire en goujat, mais il n'invita pas Corinne à entrer, se contentant de laisser la porte ouverte. Elle le suivit naturellement et referma le battant derrière elle. Elle fit quelques pas dans la pièce, regardant autour d'elle d'un air dubitatif, puis elle se retourna vers lui. Ses yeux brillants aux prunelles légèrement écarquillées semblaient lancer des petites étincelles sous la lumière crue du plafonnier. Passant les bras autour de son cou, elle posa tendrement la tête contre son épaule.

— J'ai envie de faire l'amour avec toi… dit-elle de cette voix suave qui l'émouvait.

Elle se serra contre lui.

— J'en ai envie depuis le début du repas, dit-elle en levant vers lui son regard si limpide qu'il eut l'impression d'y plonger et de s'y perdre.

Qu'elle en parlât ainsi, si naturellement, le surprit. Il prit Corinne dans ses bras et laissa ses mains descendre vers ses fesses qu'il caressa furtivement. Puis il la relâcha. Elle recula un instant et le regarda l'air interrogatif. Puis elle reprit sa position. Thomas ne put s'empêcher de passer de nouveau ses bras autour du corps vibrant qui s'offrait. Il saisit ses fesses, les pelotant un peu plus vigoureusement. Ce fut comme s'il avait mis en route une machine infernale. Corinne sembla subitement électrisée, son corps se crispa contre celui de Thomas.

— Baise-moi, dit-elle dans une sorte de râle, sans perdre son air candide.

Il s'attendait à terminer la soirée au lit, même s'il l'appréhendait un peu, mais cette violence du désir le stupéfia. Néanmoins, au lieu de lui couper les moyens, elle le galvanisait. Corinne s'accrocha à son cou et l'embrassa fougueusement. Thomas eut une fraction de seconde d'hésitation, puis il la saisit violemment et la serra dans ses bras. Corinne plaqua son bas-ventre contre lui, mimant violemment les mouvements de l'amour. Gagné par sa frénésie, Thomas l'imita et ils se retrouvèrent debout et habillés en train de se heurter, de se frotter, poussant des cris et des râles bestiaux, titubant sous l'ivresse de la sensualité qui les gagnait.

Corinne lui tourna le dos, dans un état de tension extrême, posa ses deux mains sur la table, les fesses tendues en arrière.

— Prends-moi !

Elle releva frénétiquement sa jupe et baissa son slip.

— Prends-moi ! Prends-moi ! supplia-t-elle.

Elle se dressait sur la pointe des pieds, le corps arqué, le visage crispé tourné vers lui. Thomas ouvrit sa braguette avec une sorte de fureur et sortit sa verge tendue, la saisissant à pleines mains. Il s'approcha d'elle et la pénétra d'un seul coup par-derrière. Il se serra contre elle dans une sorte de fusion totale et absolue. Pas seulement physique, mais émotionnelle. Puis ils se mirent à s'agiter furieusement. Corinne s'agrippa à ses cuisses pour accélérer ses coups de reins, secouant violemment la tête de droite et à gauche en gémissant.

— Oh j'aime ! Oui j'aime, criait-elle, en lui lançant un regard fulgurant.

Presque aussitôt elle commença à jouir en poussant des cris rauques qui devaient s'entendre dans tout le voisinage et sa jouissance excitait encore plus Thomas. Elle eut toute une série d'orgasmes successifs. À peine avait-elle joui qu'elle repartait dans une fureur déchaînée. Il sentait à chaque fois son vagin se contracter plus violemment, faisant monter sa propre tension de manière irrépressible. Ne pouvant plus se retenir, il explosa dans un râle. Elle se retourna, s'accroupit et prit la verge dans la bouche pour récupérer jusqu'à la dernière goutte avec des soupirs de satisfaction.

Ils se déshabillèrent avec frénésie, tout en se caressant. Les vêtements volaient à travers la pièce. Ils passèrent la nuit dans une exaltation qui ne s'apaisait que pour mieux éclater quelques instants plus tard. S'ils s'assoupissaient parfois, il suffisait d'un simple frôlement de l'un pour réveiller l'autre et les tétaniser à nouveau. Thomas ne se savait pas capable d'une telle puissance. Il ne s'agissait plus seulement de tenir comme il lui arrivait jusqu'à présent, il découvrit qu'il était capable de jouir vraiment, d'éjaculer puissamment un nombre inimaginable de fois.

III
La fille du destin

Corinne partie, Thomas finit de s'habiller à son tour et sortit. Il était près de onze heures. Il avait des dispositions urgentes à prendre. Il lui fallait mettre de l'ordre dans sa vie et dans ses affaires, mais il devait commencer par sa tête. Il remonta à pied la rue Boussairolles. Les prostituées avaient repris leur place comme les mannequins d'une immense vitrine à ciel ouvert. Contrairement à ce qui se passait souvent à Paris, elles n'interpellaient jamais les passants. Pas de clin d'œil, pas de mimique d'invite. Thomas n'était pas amateur d'amour tarifé, cependant il était admirateur de corps féminins sans tabous moraux. De sa jeunesse impécunieuse, il avait gardé la certitude que l'on pouvait avoir autant de plaisir avec une fille qu'on ne payait pas qu'avec les autres, parmi lesquelles il comptait toutes celles qui n'acceptaient l'étreinte d'un homme que si celui-ci lui faisait un cadeau ou lui offrait le restaurant ou le mariage. Il avait pu ainsi constater qu'en réalité, cette attitude cachait souvent, de part et d'autre, un manque de réel intérêt pour la sexualité. En tout état de cause, une belle prostituée pouvait très bien lui ouvrir l'appétit, même après une nuit comme celle qu'il venait de passer.

Thomas entra dans le Monoprix de la place de la Comédie. Il y acheta, sans vraiment choisir, un sac de voyage, du linge de corps, quelques vêtements de rechange ainsi qu'une trousse de toilette, un rasoir électrique. Il allait ressortir, mais il se ravisa et alla prendre quatre bouteilles de whisky dans les rayons alimentation. Il estima qu'il devait être environ onze heures, mais il ne regarda pas sa montre. Il aurait dû être à son bureau à cette heure, avec quelque client, mais cela aussi le laissait indifférent. Même la pensée de Monique, sa secrétaire ne l'émouvait pas le moins du monde. Il l'imaginait complètement affolée, courant à travers les bureaux, essayant de le joindre chez lui où il n'y avait sûrement personne, puisque Élisabeth avait dû partir chez sa mère. Il sourit en imaginant le répondeur de la maison qui disait : « Le Monsieur, il est sorti », avec un accent portugais.

— Dans un jour ou deux, je lui enverrai une lettre pour lui demander de liquider les affaires courantes, dit-il à haute voix.

Une vieille dame qui passait près de lui, le regarda l'air étonné.

— Qu'est-ce que vous dites ? cria-t-elle d'une voix chevrotante.

— Rien, rien, répondit-il en souriant.

— Petit voyou !

Elle s'éloigna en bredouillant des phrases incompréhensibles. Thomas l'imagina rentrant chez elle et racontant Dieu sait quelle épouvantable aventure au cours de laquelle elle aurait repoussé, en le fusillant du regard, un malfaiteur à la mine patibulaire qui voulait lui arracher son sac.

Il ne se sentait pas le courage d'adresser la parole à Monique pour le moment, mais il n'était pas très inquiet pour elle ; telle qu'il la connaissait, raisonnable et modérée, elle avait sûrement suffisamment d'économies pour tenir plusieurs mois. Élisabeth l'avait peut-être appelée, et avait dû se hâter de téléphoner chez Sandrine, la maîtresse de Thomas. De sorte que cette dernière aussi devait être au courant de sa « disparition ». Il sourit en imaginant l'imbroglio. Élisabeth ne croirait jamais les dénégations de Sandrine, mais ce qu'elle ferait n'avait plus aucune importance pour lui.

* * *

Allongé sur le lit, Thomas regarda autour de lui, ce qu'il ne faisait jamais, les choses matérielles ne l'intéressaient pas habituellement. Il avait vécu jusqu'à présent dans ce qu'il croyait être l'attente et qui n'avait été en réalité qu'une lente maturation. Il était en train de se métamorphoser, de devenir un être nouveau. Le studio de la rue Du Guesclin était le cocon dans lequel allait s'effectuer sa transformation. Pour le moment, il n'avait envie de rien. Il se répéta à voix haute : « Il est urgent d'attendre. » Il n'y avait rien de mieux à faire pour le moment. Pour la suite, il n'avait pas la moindre idée, mais il était certain qu'il était maintenant à sa vraie place, qu'il était enfin devenu lui-même.

Thomas décida de rester enfermé durant deux jours, sans manger. Sans rien ingurgiter d'autre que du whisky. Il sourit en hochant la tête. Il se leva et se planta en face du grand miroir qui surmontait le buffet, le regard fixé entre les deux yeux de son reflet comme s'il voulait s'hypnotiser.

— Tu vas te laver au whisky et te dégorger tes miasmes pendant deux jours et après tu verras, dit-il, se parlant à lui-même.

Il regarda sa montre. Elle marquait quinze heures. Il alla s'allonger sur le lit. Il fallait se reposer, ne penser à rien avant que le moment ne soit venu. C'était dit. Il ne penserait à rien avant le surlendemain, quinze heures. Il se surprit à ricaner en imaginant un chef du personnel d'une grande entreprise assis devant son bureau du boulevard Suchet, où il ne serait plus désormais, parlant au fauteuil vide.

N'était-ce pas comme cela que les choses s'étaient passées durant toutes ces années ? Était-ce bien lui qui avait rencontré ces personnes pour lesquelles il n'avait jamais eu la moindre considération. Pour gagner de l'argent ? Même beaucoup d'argent, « gagner sa vie », comme on dit, à moins que ce ne fût celle de sa femme, pour lui offrir la sécurité, les séjours à la neige ou dans les pays chauds ? La résidence secondaire à Cabourg, justifiait-il le fait de vivre une autre existence que la sienne ?

Il avait fallu, en plus, supporter la famille et les prétendus amis qui se croyaient des seigneurs, la crème de l'humanité, alors qu'ils vivaient à plat ventre. Durant des années il avait suivi ces gens, sans intérêt et sans joie. Par commodité ou par paresse. À moins que ce ne fût par lâcheté, devant des scrupules à double tranchant, puisque partir lui paraissait alors une faiblesse plus grande encore.

Son existence passée défilait devant ses yeux comme s'il s'agissait de celle d'un étranger. Durant toutes ces années il n'avait été qu'un lâche. Il avait tout accepté, même de se laisser accaparer par Élisabeth, au point de lui jouer l'infâme comédie de l'amour. Jusqu'à la veille encore, il n'avait fait, comme la plupart des gens, que jouer un rôle dans cet immense théâtre du monde où les acteurs et les spectateurs se confondaient ?

Pouvait-il réellement se trouver une seule personne pour apprécier les méprisables destins qui s'y jouaient ? Le plus difficile était, pourtant, d'abandonner le rôle. Thomas se sentait las, comme encombré d'humeurs visqueuses, incapable de penser par lui-même et encore moins d'agir. Il lui fallait retrouver le positif qui était en lui, son être réel. Il sentait bien que s'il continuait à considérer les autres comme des nullités, il ne pourrait plus vivre. Il avait besoin du reste de l'humanité pour exister, mais pour le moment il n'avait rien d'autre à leur donner que son amertume, que son fiel.

« Je dois rester dans ce studio durant deux jours ; sans sortir ». Cette idée lui fit penser aux escargots que l'on laissait dégorger avant de les cuisiner. Il ne retrouverait le monde extérieur que lorsqu'il serait vidé de ses miasmes. En l'occurrence, le « monde » dont il était question pourrait se résoudre à une femme dans la cinquantaine, possédant une grande villa au bord de la mer et qui le laisserait écrire tranquillement. Il ne ferait rien d'autre. Il n'avait pas l'intention de garder le moindre centime du patrimoine commun. Il savait que c'était la seule façon d'être définitivement tranquille avec Élisabeth. Mais, il n'aurait pas besoin de sa « bienfaitrice » très longtemps. Il serait célèbre et riche, il en était certain. Il avait déjà dans la tête des idées, des sujets de roman qu'il n'avait plus qu'à coucher sur le papier. Ses notes et ses documentations étaient restées chez lui, mais il pourrait toujours les récupérer. Il y avait déjà tellement pensé qu'il avait l'impression que les livres étaient déjà écrits dans sa tête et qu'il lui suffirait de les recopier. Rien de plus facile maintenant qu'il disposait de tout son temps. Le plus important était d'avoir quitté le « domicile conjugal ». Marivaux avait écrit : *Il faut être un peu trop bon pour l'être assez.* Il avait été excessivement bon. Peut-être que le ciel le lui revaudrait un jour, mais cela ne lui avait pas servi à grand-chose face à la méchanceté de sa femme à qui une angoisse « masochistement » entretenue faisait perdre le contrôle d'un instant à l'autre.

Elle avait toujours su qu'il partirait un jour, tandis qu'elle se débattait dans ses contradictions, qu'elle s'embrouillait dans ses perpétuels chantages sans objet et sans moyen. Elle savait qu'il ne l'aimait pas, qu'il ne l'avait jamais aimée et qu'il ne l'aimerait jamais et qu'elle non plus ne l'aimait pas. Cela n'empêchait Élisabeth de lui demander sans cesse : « Est-ce que tu m'aimes ? », faisant mine d'être déçue ou malheureuse lorsqu'il répondait un « oui » agacé.

La grande erreur de Thomas était d'avoir cru qu'il parviendrait à transformer Élisabeth, à la faire entrer dans le monde de ses pensées. Elle avait le don de donner le change et de susciter en lui de pesants sentiments de culpabilité. Le mécanisme en était simple et il l'avait découvert rapidement, mais il était déjà trop tard. En y réfléchissant bien, c'était la période de grossesse d'Élisabeth qui l'avait conduit à cette sorte de renoncement. Il faut dire que jamais auparavant, ni avec elle ni avec aucune autre femme, il n'avait connu ce plaisir incomparable que lui procurait un ventre enflé, un corps de femme enveloppée d'une moelleuse couche de graisse. Mais, le plus excitant était sa vulve gonflée, humide en permanence. De plus, elle avait alors souvent envie de faire l'amour. Une aubaine qui n'avait pas survécu à la naissance de Steeve.

C'était la première fois depuis son départ que Thomas repensait à son fils. Il sentait confusément qu'il devrait le sacrifier. Il n'y avait pas d'autre solution. Élisabeth ferait tout ce qui serait en son pouvoir pour empêcher tout contact avec Steeve et il était prêt à parier qu'elle s'arrangerait pour qu'il ne puisse plus le voir. Elle était du genre à tout faire pour que ne survive le moindre lien entre son fils et lui.

Jamais il n'aurait imaginé qu'il ressentirait un jour ce sentiment de manque, mais il savait que c'était le prix à payer. Cela valait, en tout cas, mieux pour Steeve que le spectacle d'un père résigné et réduit à l'état de larve. Peut-être comprendrait-il plus tard, à sa majorité. D'autant plus que, sur le plan matériel, il aurait largement de quoi débuter dans la vie.

* * *

Montpellier, jeudi 15 mars 1990

Tout à ses pensées, Thomas se rendit subitement compte que la sonnerie de l'entrée résonnait depuis quelques instants.

— Entrez, cria-t-il sans réfléchir.

Il fut tellement surpris de voir entrer une jeune femme brune qu'il ne reconnut pas tout de suite celle avec laquelle il avait pourtant passé la soirée et la nuit. Corinne s'était changée, elle portait à présent une courte jupe de cuir noir et un chemisier d'un jaune très pâle qui mettait en valeur sa poitrine, sous un délicat manteau de vison.

— Rebonjour, dit-elle sur un ton enjoué. Je passais par-là et je suis venue voir si tu avais besoin de quelque chose.

— Merci ! Je n'ai besoin de rien.

Thomas sentait monter en lui une colère sourde, une fureur immodérée, sans rapport avec la situation. Curieusement, il lui semblait que Corinne était responsable de tous ses problèmes, présents et passés. Il se rendit compte que s'il lui en voulait autant, c'était surtout de ne pas être arrivée plus tôt. Et il s'en voulait aussi de ne pas s'être tenu prêt à cette rencontre.

— Écoute ! dit-elle. De toute évidence tu n'es pas de Montpellier. Ta Jaguar est immatriculée dans le Val-d'Oise et tu as probablement des problèmes.

— Je n'ai aucun problème.

Corinne regardait autour d'elle.

— Que fais-tu alors dans ce studio infect ? Tu n'es pas à ta place ici.

Thomas restait silencieux.

— Viens chez moi… Tu pourras y rester aussi longtemps qu'il te plaira, insista-t-elle. Quel que soit ton problème, je suis prête à t'aider.

Corinne paraissait sûre d'elle, le ton tranquille et la voix douce.

— Je n'ai absolument pas besoin de toi. Je ne veux voir personne.

— Et moi ? Si je te disais que j'aurais beaucoup de plaisir à te revoir ?

— Je t'ai déjà dit que je ne payais pas les femmes. Va chercher tes clients ailleurs.

— Je n'ai absolument pas besoin de ton argent. Je suis riche. J'ai des revenus fonciers qui me suffisent largement pour vivre bien. Très bien même.

Thomas se recoucha sans rien dire. Après tout, n'était-ce pas ce fameux destin ? Il avait pensé à une femme mûre et riche, mais une jeune, riche et belle de surcroît ne ferait-elle pas mieux l'affaire ?

Corinne s'approcha et s'assit au bord du lit, mais Thomas se retourna sur le ventre. Elle hésita un instant l'air déconcerté, se releva et se dirigea vers la porte. Au moment de sortir, elle s'arrêta et prit une carte de visite dans son sac.

— J'ai besoin de toi.

Elle avait parlé d'un ton plaintif.

Elle hésita encore.

— Je te laisse quand même mon adresse, dit-elle en posant la carte sur la table. J'espère bien que tu viendras… Je t'attendrai à n'importe quelle heure.

Il la laissa partir sans rien dire, mais sa décision était déjà prise. Il profiterait de l'occasion. Même si ce n'était qu'une nouvelle fuite. Cela faisait dix ans qu'il était marié sans qu'aucune de ses espérances se fût réalisée. Peut-être attendait-il trop du destin. Il devait réagir pour rendre irréversible son sursaut de la veille. Le changement s'effectuerait d'autant plus vite. Il prit son agenda et nota avec soin les différentes démarches qu'il aurait à effectuer afin de régulariser sa situation. Pour commencer, il fallait téléphoner à Monique, sa secrétaire ou, plutôt, son ex-secrétaire. Il sourit. Il lui fallait couper définitivement les ponts avec son passé. Il nota aussi ses différentes démarches, chacune sur une petite fiche de bristol quadrillée. Une habitude qu'il avait depuis toujours. Il en avait des milliers, qu'il triait périodiquement.

* * *

Thomas s'apprêtait à sortir, mais il revint sur ses pas pour prendre la carte de visite que Corinne avait posée sur la table et la glissa dans la poche de sa chemise sans la regarder. Dans la rue, il lui sembla que tout avait changé. Comme si le seul fait d'avoir pris une décision avait déclenché un processus qui ne s'arrêtait pas à sa personne, mais se répandait autour de lui comme une traînée de poudre et gagnait le monde entier.

Il remonta la rue Boussairolles, traversa la place de la Comédie qui lui parut plus animée que jamais. La gaieté ambiante le pénétrait par tous les pores. Il avait l'impression d'avoir toujours vécu dans cette ville. C'était comme si les dix années qu'il venait de passer n'avaient été qu'un film qu'il venait de voir dans un cinéma de quartier. Ce n'était pas vraiment lui qui avait vécu durant tout ce temps, mais quelqu'un d'autre, avec lequel il ne se sentait d'ailleurs aucune affinité, ni aucune ressemblance. Il était comme revenu à vingt-six ans. Il toucha au fond de sa poche la carte de Corinne sans la sortir. Il se contenta de caresser les minuscules lettres en relief comme le superstitieux l'aurait fait d'une patte de lapin. Cela le rassura.

L'ambiance de la rue de la Loge, elle aussi, lui était restée familière, identique à ce qu'elle était à l'époque où il y faisait sa promenade quotidienne, jusqu'au marché couvert. Tout en grimpant allègrement la légère côte, il pensait à un ouvrage qu'il avait lu, il ne savait plus où, au sujet du subconscient et dans lequel l'auteur disait que la partie inconsciente du psychisme fonctionnait sur le même mode que la partie consciente. Qu'elle pouvait, notamment, prendre des décisions et les mener à leur réalisation à notre insu. La décision de retourner à Montpellier avait peut-être été prise dès son premier séjour ?

Thomas se sentit subitement comme investi par la faim. Il entra dans un « fast-food » et commanda un double hamburger, une grande portion de frites et un grand Coca-Cola. Il mangea fiévreusement sans s'occuper de ce qui se passait autour de lui. Quand il eut terminé, il avait encore faim, il reprit la même chose, mais la dernière bouchée avalée, il se rendit compte que ce n'était pas de nourriture qu'il avait faim, mais de quelque chose d'autre qu'il ne parvint pas à déterminer.

IV
La rupture

Montpellier, vendredi 16 mars 1990, 15 heures

Lorsque Thomas sortit vers quinze heures, la Jaguar était la seule voiture en stationnement sur le côté gauche de la rue Du Guesclin. Il regarda sa montre, elle indiquait le seize mars, jour de changement du stationnement alterné. Trois procès-verbaux avaient été glissés sous l'essuie-glace. Thomas les froissa et les jeta sur le siège passager avant de s'installer au volant. Il se sentait étrangement léger, sûr de lui et, enfin maître de son destin. Il démarra avec le sentiment que la voiture représentait son existence et qu'il prenait un nouveau départ.

Il prit la direction de Palavas-les-Flots, avec l'intention d'aller jusqu'à la station balnéaire du Grau du Roi. Il roulait en sifflant « In the mood » de Gershwin. Les rues étaient libres et il eut l'impression que les feux se mettaient au vert à son approche. Il considéra cela comme un signe du ciel. Il se mit à siffler de plus belle en tapant sur le volant pour marquer la mesure.

Cette balade était comme un pèlerinage à l'envers. Il ne s'agissait pas de raviver un souvenir, en l'occurrence, ses premières vacances d'homme marié, mais, au contraire, un complément à l'exorcisme qu'il avait entrepris. De fait, à chaque tour de roue, il sentait comme une lourdeur qui descendait sur lui. Ce n'est qu'après avoir passé le carrefour de Mauguio avec ses grands centres commerciaux qu'il comprit que c'était le souvenir de l'accident de voiture qu'il avait eu à cet endroit qui lui provoquait cette gêne. Il toucha la petite carte dans sa poche comme pour y chercher une protection, mais cette fois, il la sortit machinalement et la porta devant ses yeux et il blêmit. Il rapprocha la carte de ses yeux et lut à haute voix.

— Corinne Delcroix, 12, rue des Grives.

La voiture fit une embardée, heureusement sans conséquence sur la route presque déserte. Thomas eut un bref regard vers le rétroviseur et il tourna brusquement le volant vers la gauche dans un grand crissement de pneus, évitant de justesse un véhicule qui venait en sens inverse. C'était comme s'il avait été touché par un éclair qui s'était infiltré dans sa poitrine et irradiait vers son cerveau en faisant résonner le nom de Corinne : Delcroix ! Delcroix ! Delcroix ! Comme répété par un écho. L'adresse ne pouvait laisser aucun doute, Corinne était de la famille de Jean-Jacques Delcroix que Thomas avait très bien connu.

* * *

Le portail du numéro 12 rue des Grives était juste dans l'angle de ce qui paraissait être une impasse, mais la voie en fer de cheval continuait pour aboutir dans la même rue des Gélinottes. Thomas reconnut immédiatement la villa au milieu de sa cour dallée bordée de parterres fleuris. Il y était venu deux ou trois fois avec Jean-Jacques durant la courte période où il avait travaillé à l'aéroport de Fréjorgues. Jean-Jacques était alors sous-directeur de la société d'emballage et de transport qui expédiait des ordinateurs dans le monde entier. Il avait une quinzaine d'années de plus que Thomas, il devait donc avoir la cinquantaine. Corinne était forcément sa fille. Thomas ne savait pas ce qu'était devenu Jean-Jacques, mais il n'y avait pas de raison pour ne pas le rencontrer. Il hésita un instant. Après tout, c'était Corinne elle-même qui avait voulu ce qui s'était passé et qui avait insisté pour qu'il vienne. Il appuya sur le bouton de sonnerie. Il n'eut pas à attendre longtemps, Corinne souriante parut immédiatement au balcon faisant de grands gestes.

— Entre ! C'est ouvert, cria-t-elle avec un grand sourire.

Thomas poussa le portail de fer forgé. Une intense émotion l'avait saisi comme un adolescent le jour de son premier rendez-vous. Corinne était déjà en bas. Elle le fit entrer dans le vestibule d'où partait un large escalier conduisant à l'étage. Elle se tenait debout, les jambes serrées l'une contre l'autre, la tête penchée sur le côté, dans une attitude de jeune fille sage. Elle montra l'escalier.

— Entre, je t'en prie, dit-elle en souriant.

Elle fit mine d'embrasser Thomas, mais celui-ci se contenta de lui tendre une main molle qu'elle serra entre les siennes avant de la laisser glisser sensuellement.

— Je connais la maison, dit-il en se dirigeant vers l'escalier. Je suis déjà venu ici avec Jean-Jacques.

Corinne le regarda d'un air surpris.

— Tu as connu Jean-Jacques ? balbutia-t-elle, une petite lueur d'inquiétude dans le regard.

Elle détourna la tête et commença à monter sans attendre de réponse.

— Excuse-moi, je passe devant toi.

Il ne vit plus que son dos et sa chute de reins, tellement parfaite qu'il fut tenté de tendre les mains pour la palper.

— Jean-Jacques est ton père ? s'entendit-il dire.

Corinne s'arrêta, mais ne répondit pas. Ils restèrent un instant debout au milieu de l'escalier.

— S'il n'est pas ton père, c'est probablement ton oncle ?

Corinne reprit son ascension, un sourire énigmatique sur les lèvres.

Si l'extérieur de la villa n'avait pas changé, il en était tout autrement de l'aménagement intérieur. Les meubles anciens et les lourdes tentures, que Thomas avait connus, avaient fait place à un décor ultramoderne agencé avec raffinement.

— Mets-toi à l'aise.

Thomas ôta sa veste, Corinne la prit, la posa soigneusement sur le dossier d'une chaise et sortit de la pièce. Thomas s'installa dans un confortable fauteuil de cuir noir. Il se sentait à la fois extrêmement bien, détaché du présent. Corinne revint, paisible et souriante, manifestement ravie de le voir. Elle passa derrière lui et entoura son corps de ses bras, la tête tendrement posée sur la sienne. Elle avait une manière de soupirer doucement, prolongeant le souffle d'un petit son profond qui provoquait chez Thomas une sorte de sentiment d'importance. Elle passa devant lui, le regard tranquille.

— Je te sers un verre ?

Plusieurs dizaines de bouteilles étaient alignées sur le rayon d'un bar luxueux.

— Je prendrai un bourbon, s'il te plaît.

Elle le servit et se versa un verre bien tassé. Thomas se sentait de mieux en mieux, sans trop savoir pourquoi. À cause peut-être de la maison elle-même, de l'ambiance qui y régnait. Peut-être était-ce la personne de Corinne, sa voix ensorcelante, qui lui faisaient cet effet. Thomas n'avait jamais pu résister à une fille douce, quels que pussent être, par ailleurs, ses défauts. Il était capable d'ignorer, ou de faire semblant d'ignorer, tout le reste pour parer celle dont il était la proie consentante, de mille attraits irrésistibles tout en sachant que tout ce montage s'écroulerait à la première occasion. Mais, pour le moment, il n'avait pas besoin de se forcer. Corinne lui paraissait parfaite à tout point de vue. Il n'y avait pas un détail de sa personne, de son attitude, de son environnement qui ne l'enchantât.

— Je t'ai préparé un repas que tu vas apprécier, j'en suis sûre. Je cuisine très bien, tu sais.

Un talent de plus ! Elle montrait dans ses paroles et dans son comportement une intelligence d'une telle finesse. Et, elle devait nager comme un poisson, faire des tas d'autres choses à la perfection. Il y a des gens comme cela, qui ont tous les dons. Et il était là avec cette merveille qui, de plus, semblait l'apprécier, lui, un homme ordinaire, sans aucun mérite particulier.

— Où est Jean-Jacques ? Il ne rentre pas ce soir ?

Elle le regarda, pensive.

— Où l'as-tu connu ? répondit-elle.

Elle parlait d'un ton détaché, mais il sentait qu'elle l'observait. Son regard s'était fait plus incisif.

— À l'aéroport de Fréjorgues. J'ai travaillé durant six mois dans l'entreprise où il était le sous-directeur.

— C'est ton père ?

Une fois de plus, Corinne ignora la question.

— Cela remonte à mille neuf cent soixante-douze environ. Je suis venu dans cette maison plusieurs fois, mais je ne me souviens pas y avoir vu de jeune fille.

— C'était mon mari.

Elle avait prononcé ces mots avec détachement, tout en le gratifiant d'un regard d'une confiance si absolue qu'il en fut déconcerté.

— Ton mari ? Pourquoi dis-tu « c'était » ? Vous avez divorcé ?

— Non, il est mort.

— Mort ? Comment cela ?

— Une crise cardiaque… Il y a deux ans déjà. En janvier quatre-vingt-huit exactement.

Elle parlait sur un ton naturel, sans émotion apparente, comme s'il ne s'agissait pas de sa propre histoire.

— Cela a dû être très pénible pour toi… Vous ne deviez pas être mariés depuis longtemps ?

Corinne hocha la tête, le regard semblant chercher ses souvenirs.

— Ce n'est pas aussi simple que cela. Mais, en tout cas, c'était plus difficile avant sa mort…

— Tu veux dire que cela n'allait pas entre vous.

— Nous avons été mariés durant quatre ans et cette période était plus pénible pour moi que sa mort elle-même…

— Quel âge as-tu ?

— J'ai eu vingt-six ans le vingt février dernier.

— Tu es Poisson…

— Poisson ? Comment sais-tu que j'ai fait du poisson ?

— Poisson… le signe astrologique.

— Ah !

Elle hésita un moment. Elle paraissait suivre une réflexion de laquelle il était exclu.

— Pour être sincère, sa mort… sa mort a été une délivrance.

— Tu dis cela comme si c'était naturel.

— Parce que c'est la vérité. C'est la première fois que j'en parle librement à quelqu'un…

Elle eut l'air de réfléchir.

— C'est drôle, mais je n'ai pas l'impression que tu sois un étranger. Il me semble que je fais partie de toi.

Ils se regardèrent en silence.

— Dès la première seconde de notre rencontre, j'ai senti que tu n'étais pas comme les autres.

— De quels autres parles-tu ?

— De toutes les personnes que j'ai pu connaître.

— Tu veux dire de tous les hommes ?

— Des hommes et des femmes. Je ne parle pas d'aventures sentimentales.

Ils se regardaient comme fascinés, le regard fiché dans celui de l'autre. Les pupilles irisées de Corinne semblaient tournoyer à grande vitesse, ajoutant à leur fascination naturelle.

— C'est curieux… dit Corinne… Je sens que je dois te dire un secret.

— Un secret ? Tu ne crois pas que tu dramatises un peu ?

— C'est moi qui ai tué Jean-Jacques.

Le visage de Thomas se figea. Il esquissa un sourire gêné.

— Tu as de drôles de plaisanteries ?

Il l'imaginait en train de sauter sur son mari pour l'étrangler. Jean-Jacques était si grand et si athlétique que cela le fit sourire. C'était un sportif qui faisait du bateau à Palavas tous les midis, durant la pause.

— Malheureusement non, continuait Corinne en le regardant tranquillement.

— Tu as dit qu'il avait eu une crise cardiaque…

Il se leva et se rassit.

— Je t'imagine mal en train de poignarder un sportif comme Jean-Jacques.

— Je ne l'ai pas poignardé, je l'ai étouffé avec un oreiller.

Thomas la regardait, surpris. Non pas à cause de l'aveu qu'elle était en train de faire, mais du sentiment qu'il ressentait ou plutôt qu'il découvrait en lui. Il se rendait compte qu'il existait déjà au moment où il était entré dans cette maison et même avant que leurs premiers regards ne se fussent croisés dans la rue de l'Aiguillerie. Il l'aimait, tout simplement.

— Tu ne pourrais pas tuer un tel athlète avec un oreiller.

Ils restèrent un moment sans parler. Ils n'étaient plus que deux regards soudés l'un à l'autre. « *Si elle joue la comédie, alors, champion !* », pensait Thomas. Il ne lui semblait pas que Corinne cherchât à obtenir quelque chose de lui ni qu'elle poursuivît un but précis. Thomas se leva et marcha dans la pièce, l'air pensif. Il revint se planter devant elle.

— Si ce que tu dis est vrai, qu'a dit la police ?

— Rien.

— Comment cela, rien ? Il a bien fallu un permis d'inhumer ?

— Son décès a paru tout à fait naturel parce qu'il prenait des somnifères que son médecin lui avait prescrits. Je n'ai rien fait pour tromper la police. Aucune mise en scène.

— Qu'a dit le médecin qui l'a examiné ?

C'était son médecin traitant. Il connaissait les problèmes de Jean-Jacques. Pour lui, il s'agissait d'une mort naturelle. Il n'a pas cherché plus loin.

— Tu veux dire que personne n'a rien deviné ?

— En tout cas, je n'ai pas été inquiétée un seul instant.

— Tu le dois probablement au fait que tu es une jolie femme ? Le médecin était peut-être un peu amoureux de toi ?

— Peut-être un peu, mais c'était un homme âgé. Il n'y avait absolument rien entre nous. C'était le médecin de Jean-Jacques. Il faut surtout dire que Jean-Jacques avait préparé lui-même ma protection, car il cachait si bien son jeu que personne ne pouvait deviner le calvaire que je vivais.

— Qu'est-ce que tu racontes ? Jean-Jacques était un homme paisible, d'une patience extrême avec Madeleine, sa première femme, qui de toute évidence n'était pas, elle, d'un caractère facile. Sa santé fragile la rendait extrêmement acerbe.

— Je le sais.

— Alors, comment peux-tu dire qu'il s'est montré mauvais avec toi ?

— Parce que c'est la vérité.

— Jean-Jacques était un homme bien. Sa seule passion était de faire du bateau. Je crois que durant l'été, il en faisait tous les midis. Son voilier était mouillé à Palavas.

— Je le sais. Il en a fait jusqu'à sa mort. Il avait suffisamment de temps pour rentrer à la maison le midi, il ne le faisait jamais, même en sachant que j'étais seule. Il allait à son bateau le soir et souvent il y allait le vendredi soir pour ne rentrer que le dimanche. C'était déjà ainsi avec sa première femme, même au plus fort de sa maladie.

— Qu'est-ce qu'elle avait ?

— Aucun médecin n'a jamais rien pu lui trouver, pourtant elle avait des crises extrêmement douloureuses qu'aucun médicament ne calmait. Je l'ai souvent vue le visage déformé par la douleur. Cela durait des heures. C'était vraiment très impressionnant. Elle devenait toute bleue. Une infirmière venait de toute urgence lui faire une injection de je ne sais quel médicament. À la fin, deux injections ne faisaient plus aucun effet. Les crises survenaient à n'importe quelle heure, à tel point qu'elle ne pouvait pratiquement plus sortir. Elle vivait en recluse.

— Tu la connaissais ?

— Très bien même. Je suis née et j'ai vécu dans la maison voisine. Au 10. Je dois dire que j'ai été très tôt attirée par Jean-Jacques. Du moins, c'est ce que j'ai cru tout d'abord… Je n'ai compris que trop tard que je ne cherchais qu'à échapper à mon père. J'ai tout fait pour être remarquée par lui. Je tenais compagnie à

Madeleine. Je l'ai même accompagnée en vacances deux ou trois fois lorsqu'il était retenu par son travail. Vers sa fin…

— Vers sa fin ? Tu ne vas pas me dire qu'elle est morte, elle aussi ?

— Oui, on pense qu'il s'agissait d'un cancer. Elle avait été opérée deux ans auparavant. On lui avait enlevé des seins deux ou trois kystes que l'on considérait comme bénins. Elle sembla aller mieux, mais elle s'est de nouveau trouvée mal et elle est partie en huit jours.

— Au moins est-elle morte de « mort naturelle », même si c'était « d'une longue et pénible maladie » comme on dit.

— Moi, je crois qu'elle a été rongée petit à petit par la vie qu'elle menait. Tu comprends ? Elle vivait en permanence dans l'angoisse.

— Comment peux-tu dire cela ?

— Peu avant de mourir, elle m'avait fait des confidences à propos d'elle et de Jean-Jacques, mais j'étais aveugle. Ce n'est qu'après mon mariage que j'ai compris.

— Compris quoi ?

— Que Jean-Jacques n'était qu'un pervers, un sadique, un manipulateur. Elle se faisait du mauvais sang et c'est cela qui l'a empoisonnée. Moi, je crois que c'est ce qui s'est passé.

Thomas se leva et fit quelques pas dans la salle, puis sortit sur la terrasse. La température était douce, mais il sentit une fraîcheur s'insinuer en lui. Que fallait-il croire ? Corinne était probablement une malade. Il était impossible qu'elle eût pu tuer son mari sans éveiller les soupçons de la police et de son entourage et venir ainsi avouer son « crime » au premier venu. Mais, curieusement, que cela fût vrai ou faux le laissait indifférent, même s'il avait connu Jean-Jacques. Il n'y avait qu'elle qui l'intéressait, elle qu'il ne connaissait que depuis la veille. Qu'est-ce qui pouvait l'avoir poussée à dire une telle énormité ? La solitude, peut-être ? Le fait d'être belle et, autant qu'il avait pu en juger, très sociable, n'empêchait qu'elle eût pu souffrir de solitude. N'était-il pas tombé dans un piège qu'elle avait tendu depuis quelque temps déjà ? Il se posait toutes ces questions, mais sans aucune inquiétude. Il ne la jugeait pas non plus.

Il lui revint à l'esprit une publicité qui prétendait qu'un visage pouvait mentir, mais pas l'écriture, en légende à la photographie d'une jeune fille aux traits doux et sereins. C'était le cas pour Corinne. Si ce qu'elle avait raconté était vrai, cela faisait de lui un complice. Le mieux était peut-être de s'en aller ? Après tout, il n'avait pas fait tous ces kilomètres pour écouter des histoires à dormir debout.

Thomas rentra dans le living et s'assit dans un fauteuil, face à Corinne. Il se contenta de la regarder fixement.

— Tu essaies de me sonder ? demanda-t-elle en souriant.

Il secoua doucement la tête, un sourire tendre sur les lèvres. Il tendit la main et effleura le visage de Corinne dont les éléments parfaits formaient un ensemble d'une émouvante beauté. Rien dans son regard, dans ses paroles, dans sa voix ni dans son comportement, n'avait jamais laissé transparaître la moindre agressivité, la moindre tension. Il ne parvenait pas l'imaginer en train de crier, ni même de se fâcher. Il ressentit un désir irrésistible de la prendre dans ses bras, mais il se contenta de saisir son verre et de boire son Bourbon à petites gorgées.

— Tu restes quand même dîner avec moi ?

Elle posait cette question sur un ton naturel qui était presque une affirmation. L'espace d'une seconde, Thomas eut comme une vision, l'image d'une main versant le contenu d'une fiole dans un verre. Il regarda le liquide ambré dans lequel flottaient deux glaçons. Elle insistait.

— Tu restes ?

Oui, il resterait, mais il répondit par une autre question.

— Tu mens ou tu dis la vérité ? Toute la question est là.

Elle souriait.

— Alors, tu restes.

Ce n'était plus une question, mais une joyeuse affirmation. Elle avait compris que la partie était gagnée.

L'atmosphère était tranquille, paisible. Thomas était marié depuis dix ans et jamais il ne s'était senti aussi bien. Même avant son mariage. Il comprit qu'il lui avait manqué l'essentiel jusqu'alors. Le substrat même de son être. Ce devait être ce que les gens appelaient, l'âme sœur. Même sans la toucher, il se sentait revigoré, rasséréné, totalement bien. Corinne n'avait fait aucune difficulté pour se donner à lui, ce qui pouvait laisser supposer qu'il en aurait été de même avec n'importe qui d'autre, qu'il en avait été ainsi avec de nombreux autres. De plus, elle lui avait confessé un crime qu'elle avait peut-être réellement commis. Néanmoins il n'avait ni inquiétude ni prévention contre elle.

— Tu restes ?

— D'accord…

Corinne paraissait sincèrement heureuse de cette décision. Elle s'assit à ses pieds et posa sa tête sur ses genoux. Thomas hésita une seconde, puis caressa ses cheveux tendrement. Corinne passa ses bras autour de ses jambes et se serra fortement contre lui. Cela donna à Thomas, à la fois, l'impression d'une extrême soumission et d'une prise de possession de son tout être. Ils vivaient tous les deux ce moment magique sans dire un mot.

C'est Corinne qui reprit d'abord ses esprits. Le soir était tombé.

— Veux-tu que nous passions à table ?

Thomas se dégagea et se leva pour se servir un autre bourbon. Il la regarda.

— Réponds-moi franchement. As-tu vraiment tué ton mari ?

Les prunelles de Corinne se figèrent comme si elle devait faire un effort pour fouiller dans sa mémoire.

— Oui.

— Pourquoi as-tu fait cela ? Tu aurais pu le quitter, divorcer. Pourquoi l'as-tu tué ?

Il martela cette dernière question, syllabe après syllabe. Une lueur d'effroi passa dans les yeux de Corinne, comme si elle revivait une scène pénible.

— Parce qu'il voulait me liquider.

— Tu divagues. Qu'est-ce que cela veut dire, te liquider ? Tu te crois dans un roman policier ?

— Il voulait se débarrasser de moi.

— Mais, quand on veut se défendre d'une agression, on se sert d'un couteau, d'un revolver ou de tout autre instrument qui tombe sous la main. On n'attend pas que la personne soit endormie pour l'étouffer.

— Je n'ai pas dit qu'il m'avait attaquée, mais il voulait que je disparaisse de sa vie.

— Il voulait donc te tuer ?

— Ou me rendre folle, je ne sais pas. Il aurait tout fait pour que je disparaisse. Il voulait probablement me faire interner.

— Qu'est-ce que tu racontes ? Il faudrait qu'il ait des choses vraiment sérieuses à te reprocher pour vouloir ta mort ?

— Je t'assure que je n'ai rien fait de mal.

— Tu avais peut-être un amant ? C'est cela ? Tu le trompais ?

— Non. Je ne l'ai jamais trompé.

— Avec le tempérament que je te connais, ce ne serait pas anormal. Surtout s'il te délaissait.

— Je ne l'ai jamais trompé, même si nous n'avions pas de rapports intimes depuis deux ans au moins.

— Je ne sais pas s'il faut te croire sur ce point. En tout cas, même s'il te menaçait, il n'aurait jamais attenté à tes jours. Tu as tout simplement eu peur.

— Ce n'est pas du tout cela.

— Alors, pourquoi ?

— Je ne suis pas folle. Il faut que tu me croies.

— Alors, pourquoi as-tu agi ainsi ?

— Je te dis qu'il me menaçait. C'est la vérité.

— Et même s'il te menaçait, tu avais la possibilité de partir, tout simplement, ou de divorcer.

— C'est justement ce qu'il ne voulait pas.

— Tu veux dire que tu voulais divorcer ?

— Non, mais lui non plus. Il était sous la domination de sa maîtresse. Il voulait récupérer la maison pour vivre avec elle.

— Donc, nous sommes bien d'accord. Il lui suffisait de divorcer ?

— Oui, mais il ne le voulait pas.

— Que désirait-il alors ?

— Je te l'ai dit, me faire enfermer.

— C'est ce que tu crois !

— Je crois qu'il voulait garder la maison, d'une manière ou d'une autre.

— Pourquoi cela selon toi ?

— Pour y vivre avec sa maîtresse. Je te l'ai dit… Elle lui appartenait, mais à notre mariage, il a tenu à la mettre à nos deux noms, en communauté universelle. De sorte qu'il lui aurait fallu tout partager. Aussi bien, cette maison que tout son patrimoine financier.

— Il te suffisait d'y renoncer.

— J'aurais pu le faire, mais quand je me suis rendu compte qu'il cherchait à me faire interner, j'ai été terrorisée. Il préférait que je meure ou que je sois internée. J'en suis convaincu.

— Comment peux-tu en être si sûre ?

— J'ai trouvé une lettre dans sa poche.

— Je veux bien te croire, mais tu pouvais la remettre à la police.

— Une lettre postée à la poste principale de Nîmes. Il n'y avait aucun nom, aucune signature. Elle n'aurait servi à rien.

— Ben, voyons ! En attendant, c'est toi qui as tout gardé. N'est-ce pas la meilleure preuve de ta culpabilité ?

Thomas se leva énervé.

— Tu ne connaissais pas sa maîtresse ?

— Pas du tout ! Je ne sais pas qui c'est, ni où ni quand ils pouvaient se voir. Il faut dire qu'il avait tout son temps, car son travail le prenait beaucoup, comme tu dois le savoir. Il partait souvent en voyage. Il pouvait parfaitement emmener sa maîtresse avec lui.

— Ce n'est pas une raison suffisante pour assassiner quelqu'un.

— Je te l'ai dit, il n'était pas normal. Il n'avait pas toute sa tête.

— Pas normal ? Je l'ai côtoyé durant plusieurs mois. Il était ouvert, dynamique, bon avec le personnel qui était sous ses ordres. J'ai eu l'occasion de voir comment il défendait ses employés…

Thomas réfléchit, Corinne se blottit dans ses bras.

— Arrête de me torturer.

Mais Thomas continuait son discours.

— Tiens, je me souviens que l'agent de maîtrise qui dirigeait le service d'emballage et expédition de l'entreprise avait démissionné pour suivre sa femme fonctionnaire qui avait été mutée en Bretagne ou en Alsace, je ne sais plus. Jean-Jacques a défendu la candidature d'un garçon de chez Tailleur qu'IBM refusait d'accréditer. Il n'avait rien à y gagner. Et, tu viens me dire que cet homme-là était un fou dangereux qui voulait tuer sa femme, une femme aussi belle et aussi douce que toi ? Tu ne pourras jamais me faire croire cela.

— C'est pourtant la vérité.

Thomas but une gorgée de Bourbon. Corinne saisit sa main et porta le verre à sa bouche et but une longue gorgée. Elle leva les yeux vers lui.

— Je t'aime.

Il la regarda, comme s'il la voyait pour la première fois. Elle se souleva sur la pointe des pieds et posa ses lèvres sur les siennes. Il répondit malgré lui à son baiser, puis il la repoussa doucement, la maintenant à distance par les épaules.

— Ce que je crois, c'est que Jean-Jacques a probablement été victime d'une crise cardiaque et comme tu en avais peur ou que tu le détestais, tu t'es sentie responsable de sa mort. Tu fais un complexe de culpabilité. C'est plus courant qu'on ne le croit. La police connaît bien ce problème.

— Comment cela ?

— Chaque fois qu'il se commet un crime, il y a toujours des gens qui prétendent en être l'auteur. Cela te passera. Nous en reparlerons et tu verras que j'ai raison. Et maintenant, si nous passions à table ?

Corinne commença par se verser un verre de Bourbon, bien rempli. Thomas la regarda, surpris.

— Dis donc, c'est le quatrième verre que tu bois. Tu ne crois pas que c'est beaucoup ?

— Je sais. C'est une habitude que j'avais prise avec Jean-Jacques. Depuis, je ne bois pratiquement pas, mais aujourd'hui est un jour exceptionnel, n'est-ce pas ?

Elle se blottit dans ses bras.

— C'est la fête, non ?

— Tu veux dire que Jacques buvait ?

— Mais oui.

— Jean-Jacques, un buveur ? Tu ne crois pas que tu vas un peu loin. C'était un sportif. Je l'imagine mal en soûlard.

— Je le sais. Et je peux t'assurer que la pratique du sport ne l'empêchait de boire, mais il ne le faisait qu'à la maison, de sorte que personne ne le savait. Lorsque nous recevions, il touchait à peine à son verre.

— Effectivement je ne l'ai jamais vu boire que très, très modérément.

— C'était un alcoolique. Il pouvait boire tout seul une bouteille de whisky entière. Et il me poussait à faire comme lui.

— Tu n'étais pas obligée de le suivre.

— Non, mais j'avais l'impression qu'il avait un problème et qu'il était de mon devoir de le soutenir.

— Tu avais une drôle de conception du devoir.

— Quand je l'ai connu, je n'étais qu'une petite fille et j'éprouvais une admiration sans bornes pour lui.

Thomas reçut cette confidence comme une véritable agression qu'il s'efforça d'ignorer. Il n'était pas jaloux, mais le seul fait qu'une fille puisse être intéressée par un homme pour lequel il n'avait de considération particulière avait habituellement pour conséquence immédiate d'éteindre toute espèce d'intérêt pour celle-ci.

— Tu crois que c'était une raison suffisante pour te mettre à boire, s'entendit-il dire ?

— Je n'y ai pas réfléchi, c'est venu naturellement…

— …

— Je me demande s'il n'en a pas été de même pour Madeleine. Si ce n'est pas cela qui l'a conduite à la mort. Et, quand je pense qu'à cette époque, c'était peut-être moi qu'il convoitait, cela me met très mal à l'aise. C'est comme si j'étais sa complice. Je l'ai peut-être poussé, sans le savoir, à tuer Madeleine ?

— Tu as dit que tu as vécu dans la maison d'à côté ?

— Bien sûr j'y suis née et elle m'appartient encore. J'en ai hérité de ma mère. Je l'ai mise en location. Avec les revenus de différents placements et de trois autres très beaux appartements dans le centre de Montpellier, mes revenus sont plutôt confortables. En tant que sous-directeur de sa boîte, Jean-Jacques avait en outre souscrit une assurance-vie, je ne le savais même pas, mais j'ai reçu un capital de près d'un million de francs à sa mort. L'argent a été bien placé et me rapporte plus qu'il m'est nécessaire pour vivre largement.

Elle se leva et vint s'asseoir sur les genoux de Thomas.

— Si tu avais ton indépendance financière, pourquoi tenais-tu absolument à te marier ? Tu n'étais pas obligée de vivre avec ton père s'il te brimait ?

Il ne me brimait pas du tout. Il s'est au contraire toujours montré très gentil avec moi, mais, je ne peux dire pourquoi, je ressens envers lui une sorte de haine que je ne m'explique pas. Encore aujourd'hui.

— Tu ne crois pas que le mot est un peu fort ?

— Je sais, mais c'est ainsi. Je l'adore et je le déteste à la fois.

— Que lui reproches-tu ?

— Rien ! Absolument rien ! Il s'agit d'un sentiment irraisonné. Je sais seulement que je voulais absolument quitter la maison. Parfois, il me fait peur. Encore maintenant.

— Et ta mère, qu'en pensait-elle ?

— Elle a quitté la maison depuis longtemps et elle n'a jamais plus donné de nouvelles. C'est à peine si je me souviens d'elle. Elle est morte plus tard, je ne sais pas exactement quand. J'ai reçu son héritage à ma majorité.

— Tu pouvais donc quitter Jean-Jacques quand tu voulais ? Il te suffisait d'aller habiter un de tes autres logements. Tu n'étais pas obligée de reprendre la maison d'à côté.

— Tu vas peut-être me trouver gamine, mais j'avais peur de me retrouver seule. Je ne travaillais pas, je ne faisais rien à cette époque.

— Qu'as-tu fait comme études ?

— J'ai eu une scolarité très perturbée. Je n'ai aucun diplôme. En fait, je n'ai aucun métier. Je suis plutôt inculte, en ce qui concerne les connaissances scolaires. Ce que je connais, je l'ai appris moi-même. Je lis beaucoup et il m'arrive même de suivre certains stages ou quelques cours, mais sans jamais passer aucun diplôme.

Elle détourna son regard.

— J'ai été très longtemps malade.

Thomas la regarda un moment, la détaillant.

— Malade ? Pourtant, tu me parais en bonne santé. Qu'est-ce que tu avais ?

Corinne lui, comme si elle n'avait pas entendu.

— De quoi souffrais-tu ?

— Je préfère ne pas en parler… Je ne sais pas moi-même très bien. Allons plutôt manger.

Elle avait retrouvé son animation naturelle.

— Tiens, si tu veux aller te rafraîchir, la salle de bains est au fond du couloir, dit-elle en le prenant par la taille et en le poussant doucement vers le fond de la pièce.

Elle posa un baiser dans son dos.

— Donne-moi une petite demi-heure. Reprends un verre en attendant !

* * *

Corinne avait bien fait les choses. Si la veille Thomas s'était contenté d'avaler comme un goinfre sa platrée de fruits de mer, les mets qu'elle lui présentait méritaient plus d'égard. C'était de véritables œuvres d'art et il la soupçonnait de les avoir commandés chez un traiteur. Après des avocats frais farcis de dés de viande chaude grillée, relevés d'une sauce aigre, il eut droit à de la lotte.

— Tu ne vas pas me dire que tu as préparé ce dîner toi-même ?

— Bien sûr que si ! Comme je te l'ai dit, je suis une excellente cuisinière. J'y ai travaillé toute la journée. Il ne manquait que la cuisson.

Thomas regarda le plat où des filets de lotte roulés nageaient dans une sauce couleur fuchsia. Pouvait-il être possible que l'artiste, parce que c'était une véritable œuvre d'art, qui avait réalisé ce chef-d'œuvre ait été capable de tuer son mari, même sous l'influence de la peur ?

Corinne avait retrouvé sa sérénité. L'étrangeté de la situation apparaissait de plus en plus évidente à Thomas. La douceur ambiante et l'innocence de leurs propos contrastaient avec la lourdeur et la violence contenue qui avaient précédé. Il avait entendu dire que si l'humanité avait évolué sur le plan technique, en tant qu'individu, l'homme n'avait pratiquement pas changé depuis la préhistoire. La civilisation ne serait qu'un vernis. Est-ce que des drames préhistoriques ne continuaient-ils pas à se dérouler de nos jours dans des millions de foyers, à l'abri des murs, derrière les portes closes ? N'était-ce pas l'explication de toutes les guerres qui se poursuivaient en permanence dans le monde entier ? En y réfléchissant, il lui apparaissait que les hommes avaient tendance à se complaire dans les problèmes qu'ils ne résolvaient qu'en en créant d'autres. Cela avait été son cas et peut-être l'était-ce encore.

Thomas était prêt, comme les autres, à fermer les yeux sur un crime – si crime il y avait – pour assurer sa tranquillité. Il repoussait les confidences de Corinne vers les oubliettes de son cerveau, bien qu'il eût le sentiment qu'elle avait dit la vérité.

Cette vérité était d'autant plus crédible, qu'elle correspondait bien à ce qu'il avait lui-même envisagé de faire. Il connaissait cette impression d'adhérences qu'il avait lui-même ressentie de la part Élisabeth. Combien de fois n'avait-il pas pensé que la seule façon d'en être débarrassée était qu'elle disparaisse ? Il ne pensait alors qu'à une simple disparition, sans oser aller plus loin. À la manière d'un magicien. D'un claquement de doigts. Elle aurait pu partir, mais il ne s'était jamais fait beaucoup d'illusions à ce sujet puisqu'elle répétait sans cesse qu'elle partirait dès qu'elle trouverait un homme qui pourrait la faire vivre sans qu'elle n'eût besoin de travailler et avoir tout ce qu'elle pouvait désirer. Elle ne voulait pas travailler, pas plus à l'extérieur que chez elle. Même pas pour s'occuper de son propre fils auquel il était arrivé, quand il était bébé, de passer la journée dans des couches souillées et que Thomas devait changer, lui-même, en rentrant le soir.

— Tu me parais bien pensif, dit Corinne.

— Je me demandais comment tu avais pu préparer un tel repas alors que je ne savais pas moi-même que je viendrais.

— J'étais certaine que tu viendrais, dit-elle très sérieusement.

— Cela n'explique pas tout.

— Je le voulais très fort. J'ai tout préparé dans l'après-midi. Je n'avais qu'à réchauffer les plats au four à micro-ondes.

— Je suis venu parce que j'ai vu que tu t'appelais Delcroix et que tu habitais à la même adresse que Jean-Jacques.

— Par curiosité ?

— Oui ! Par simple curiosité.

Corinne se leva et s'approcha de Thomas, les yeux brillants, la démarche féline. Elle se colla langoureusement contre la chaise derrière lui.

— C'est une chance alors. J'aurais été vraiment très déçue si tu n'étais pas venu. Et pas du tout parce que j'aurais perdu ce repas.

Elle tourna autour de la chaise et, douce, câline, elle passa les bras autour du cou de Thomas. Elle le regardait toujours aussi tranquille et sereine.

— Je t'aime.

Il la regarda, surpris. Elle se pencha en avant et posa ses lèvres au coin des siennes.

— Et toi, est-ce que tu m'aimes ? demanda-t-elle.

Est-ce qu'il l'aimait ? Le savait-il lui-même ? Il se leva sans rien dire, lui saisit les bras et la poussa contre la table. Elle se laissa faire sans résister, le regard rivé au sien. Ses pupilles dilatées semblaient lancer des flèches de lumière qui le pénétraient à grande vitesse, mais sans le blesser. Au contraire, c'était une sorte de fluide doucereux qui envahissait son organisme comme le ferait une traînée de poudre. Il la bascula en arrière.

— Thomas…

Elle avait murmuré son nom d'une voix si plaintive qu'il se sentit sur le point de céder à la pitié, mais un désir impérieux le poussait. Il l'attira de nouveau et plaqua son corps contre celui de Corinne qui insinua une main entre eux pour évaluer son désir. Thomas la fit basculer sur la table, au milieu de la vaisselle et des victuailles, il lui releva la robe et écarta le minuscule slip de dentelle noire. L'attente avide qu'il lisait dans le regard de la jeune femme qui ouvrait les cuisses au maximum exacerbait son propre désir.

— Viens ! Viens ! répétait-elle en gémissant.

Un bref instant il palpa violemment sa poitrine puis, guidant son sexe de la main, l'investit avec force. Accrochant ses deux mains aux fesses de Thomas, Corinne plaqua son bassin contre lui et partit immédiatement dans une jouissance bruyante, le visage déformé, comme prise de violentes convulsions. Elle hurlait sans retenue. Il ne s'agissait pas d'une feinte, l'abondance du liquide qu'il sentait sourdre des entrailles de la jeune femme témoignait de la violence de son orgasme. Elle redressa le buste et s'accrocha à son cou, secouant de plus belle son bassin. C'était au tour de Thomas d'être surpris, très agréablement surpris par ce qui se passait en lui. Il se sentait comme tétanisé, il n'était plus qu'un membre qui continuait de gonfler et de durcir, comme sur le point d'exploser. D'une telle raideur qu'il lui semblait être en acier. Ils restaient étroitement serrés l'un contre l'autre. Thomas happa avidement la lèvre inférieure de Corinne et la téta goulûment. Ce fut comme le signal d'un orgasme partagé d'une intensité qu'il n'avait jamais connue jusque-là. Corinne criait, le corps arqué en arrière, les bras battant l'air, ne se contrôlant plus. Il était obligé de la retenir fortement de peur qu'elle ne brisât la vaisselle et surtout qu'elle ne se blessât. Elle était secouée de soubresauts qui semblaient tous converger vers son vagin qui se contractait avec une force inouïe sur le sexe prisonnier, au point de finir par l'expulser. Thomas rajusta rapidement son pantalon, ramassa sa veste et sortit sans dire un mot.

— Mais… tu n'as pas fini de dîner, murmura Corinne d'une voix éteinte.

Thomas fit un effort de concentration pour mémoriser l'image de Corinne dans la position dans laquelle il l'avait abandonnée.

V
Retrouvailles imprévues

Montpellier, le 16 avril 1990, lundi de Pâques

Il faisait beau et chaud, presque un temps d'été. Selon le « Midi Libre », les plages, de Palavas-les-Flots au Grau du Roi, avaient été couvertes de monde la veille. Au volant de sa voiture, Thomas sortit de Montpellier et prit la nationale 112 en direction de Sète par la côte. Les gens qu'il croisait portaient pour la plupart des tenues légères.

« *Maintenant, je suis moi-même. En personne !* » dit-il à voix haute.

Il secoua la tête en poussant une sorte de rugissement puissant tout en appuyant sur l'accélérateur. La voiture fit un bond en avant.

Il n'avait pas revu Corinne depuis un mois, depuis le fameux dîner qui s'était terminé de manière si mouvementée. Il s'était même refusé de penser à elle, mais il avait conscience du fait qu'elle ne l'avait pas quitté un seul instant. Pour ne pas succomber à la tentation de la revoir, les premiers temps, il avait choisi chaque jour une prostituée différente dans la rue Boussairolles. Mais, très vite, il en avait eu assez. Une sorte d'équilibre s'était installé et il avait pu prendre toutes les dispositions nécessaires pour en finir avec son existence passée et préparer l'avenir.

Tout était réglé à Paris. Il avait téléphoné à Monique, sa secrétaire et avait été surpris de constater qu'elle ne s'était nullement laissée submerger, au contraire, elle avait négocié des contrats très rentables.

Moyennant une augmentation substantielle de son salaire, elle avait accepté de gérer l'entreprise jusqu'à nouvel ordre. Elle en avait les capacités. En revanche, Thomas n'avait rien fait au sujet de sa femme. Elle n'était pas à plaindre. Ses comptes personnels étaient suffisamment provisionnés et elle pouvait garder la maison de Pontoise comme celle de Cabourg. Elle n'aurait qu'à reprendre son poste de professeur au lycée, puisqu'elle n'était qu'en disponibilité. C'était la meilleure solution, celle qui pourrait l'inciter à agir, au lieu de se laisser aller dans une situation qui n'aurait de toute façon abouti qu'à l'aliénation mentale.

Thomas s'était installé à l'Hôtel Royal, au 8 de la rue Maguelonne, de sorte que Corinne ne pouvait plus le joindre, si toutefois elle en avait eu envie. C'était pour lui, malgré le sentiment qu'il éprouvait, une histoire terminée. Maintenant qu'il avait recouvré la liberté, il ne pouvait plus être question de vivre à cent pour cent avec une femme et encore moins de se remarier un jour. Il imagina Corinne endormie, à demi couchée sur la table. Cette vision fugace lui revenait souvent et, à chaque fois, le désir irrépressible qu'il avait d'elle finissait par provoquer une sorte de spasme presque aussi violent qu'un orgasme réel.

Thomas chassa, une fois de plus l'image de Corinne. Il se sentait bien. Il n'avait pas l'impression d'être oisif ou inutile, mais en gestation. Il vivait intensément chaque minute, chaque seconde, persuadé qu'il aurait à les restituer plus tard. Pour la première fois de sa vie, il avait commencé, non pas à écrire un journal, mais simplement à noter, quand il y pensait, quelques phrases dans un carnet qu'il avait intitulé pompeusement : « MA VIE ». Il était persuadé depuis toujours qu'il serait connu un jour comme écrivain. Peut-être pas mondialement, mais connu tout de même. Cette conviction s'était réveillée depuis qu'il vivait seul. Il savait que pour les autres, cela pouvait paraître prétentieux, fantaisiste, mais il était certain maintenant qu'il y parviendrait. Il y avait travaillé, sérieusement, très longtemps avant d'abandonner ses projets et il savait que cela avait été une erreur de ne pas s'y être tenu. Il avait brûlé des milliers de feuillets écrits à la main ou sur l'antique Remington, achetée d'occasion. De tout ce travail, il ne restait que des notes, des projets et quelques nouvelles qu'il relisait parfois, se promettant d'en faire autant de romans.

Il traversa la ville de Frontignan. Les structures métalliques de la raffinerie de pétrole se découpaient sur le ciel limpide que les flammes de ses torchères barbouillaient de suie. Il avait le sentiment qu'il était de ceux qui ne peuvent n'être que géniaux ou tomber dans la plus complète déchéance. En tout cas, il ne pouvait être un homme ordinaire. Quelque chose ou quelqu'un le guidait, le protégeait de l'au-delà. Toute sa vie était en accord avec ce sentiment, car, quels que fussent les risques qu'il avait pris, il s'en était toujours tiré. Il avait eu peur souvent, mais cela s'était arrangé à temps. Il s'en remettait une fois de plus à ce guide intérieur.

Au lieu de continuer la route de la côte vers Sète, Thomas prit la direction de Mèze par Balaruc-les-Bains et Bouzigues.

Ce qui lui avait manqué c'était le courage. Pas celui qui consiste à serrer les dents et à accomplir des exploits, mais le courage quotidien, le travail, l'effort, la persévérance, à moins que ce ne fût la foi. Il ne savait pas très bien si c'était la foi en lui-même, en les autres ou en la vie. Il lui avait peut-être fallu du courage pour créer son entreprise et continuer à vivre avec Élisabeth. Monter une affaire comme la sienne, et surtout, la réussir en partant de rien, sans formation et sans capitaux, n'était pas donné à tout le monde. Peut-être avait-il un don, à moins que ce ne fût la chance, tout simplement. Il n'en restait pas moins qu'il avait vécu l'existence de quelqu'un d'autre, d'un homme qui n'avait rien de commun avec lui. Le pire était que cela ne lui avait été d'aucune commodité. Il s'en rendait mieux compte maintenant et il était persuadé que les autres étaient comme il avait été. Plus ils paraissaient bien intégrés au « système » et plus ils étaient malheureux, désenchantés, aigris, jusqu'à en devenir malades. Les regrets, les rancœurs refoulés les rongeaient, au propre comme au figuré. La preuve en était le nombre de gens dont l'existence pouvait être considérée comme une réussite, enviés par beaucoup et à l'abri du besoin, qui se droguent, se suicident ou meurent, l'organisme détruit par la maladie. Une « longue et douloureuse maladie » comme disent les communiqués de presse.

« *Maintenant, je suis moi-même. En personne* », ironisa-t-il tandis qu'il roulait dans la direction de Mèze. La route était belle, bordée de collines couvertes de garrigues odoriférantes. De loin en loin des échoppes de viticulteurs proposaient à la dégustation et à l'achat les vins de la région et le muscat de Frontignan. Il longea le bassin de Thau. Quelques baigneurs courageux s'ébattaient dans l'eau molle. Thomas se sentait comme neuf, tout rajeuni. Les projets se bousculaient dans sa tête, dont certains s'étaient élaborés au cours des années passées. Le plus souvent à son insu. Ce qui le sécurisait plutôt. N'avait-il pas cependant attendu trop longtemps ? Un militaire ayant végété des années dans des grades subalternes n'était-il pas considéré comme définitivement inapte au commandement ? Peut-être en était-il de même pour lui ? Peut-être n'était-il même plus apte à vivre, à prendre la direction de sa propre existence. Les projets qu'il élaborait jour après jour sans pouvoir les réaliser n'en étaient-ils pas autant de signes ? Pourtant, il y pensait sans cesse depuis qu'il avait lu quelque part qu'il suffisait de penser très fort pour que nos souhaits se réalisent.

* * *

Il y avait une démarche que Thomas s'était promis d'accomplir depuis longtemps sans jamais s'y résoudre. Quelque chose de symbolique, un peu comme la signification qu'il avait donnée au plateau de fruits de mer. Un deuxième signe de son nouvel état de liberté. Il lui semblait que cela avait été implicitement entendu avec Jean-Luc Vidal quand celui-ci lui avait spontanément offert un chèque pour l'aider à la création de son entreprise. Ce n'était pas une somme énorme, mais il n'avait pas su remercier ce geste d'encouragement comme il aurait fallu. Sa réserve avait dû paraître comme de l'indifférence. Encore un malentendu qu'il aurait voulu effacer, mais il savait d'avance qu'il ne le pourrait pas vraiment.

Thomas reconnut immédiatement la villa des Vidal dont il n'avait pourtant vu que les projets et les plans à l'époque de sa construction. Il gara sa voiture le long du mur de la propriété et, après un bref coup de klaxon, il se dirigea vers le portail de fer forgé. Les Vidal, la soixantaine gaillarde, sortirent presque aussitôt de la maison, suivis de trois petits chiens Yorkshire bondissant comme des gnomes. Thomas les regardait approcher et il sentait une émotion monter dans sa poitrine. L'homme leva les bras en signe de bonne surprise et se hâta vers lui.

— Hé ! Thomas ! Ouah !

C'était la première fois qu'il l'appelait par son prénom.

— Poussez la grille, elle est ouverte.

— Eh bien ! Cela me fait plaisir d'être reçu avec tant d'enthousiasme. Je suis très heureux de vous voir aussi gaillards.

Ils s'embrassèrent.

— La retraite ne vous fatigue pas trop on dirait ? Vous avez tous les deux une mine superbe.

— Je ne vois pas Madame Marquet, dit Jean-Luc. Elle n'a pas fait le voyage ?

— Non ! Je vous raconterai, répondit Thomas.

Il fit un clin d'œil discret à Jean-Luc.

— Vous restez chez nous, naturellement. Nous allons prendre vos bagages et vous rentrerez la voiture tout à l'heure.

— Je suis descendu à Montpellier.

— Depuis quand êtes-vous dans la région ?

— Depuis un mois.

— Et c'est seulement maintenant que vous venez nous voir, reprocha aimablement madame Vidal.

— Vous êtes vraiment gentille, mais je ne pouvais pas faire autrement.

— Vous saviez bien que vous auriez une chambre ici ? Nous ne sommes qu'à quelques kilomètres de Montpellier et par l'autoroute vous pouvez y être en quelques minutes pour vos affaires.

Il s'arrêta net.

— Mais… vous n'allez pas me dire que vous habitez par ici ?

— Presque. C'est une longue histoire que je vous raconterai plus tard.

Ils étaient visiblement heureux de le revoir et Thomas se prit à penser qu'il avait eu tort de se priver de leur amitié si longtemps. Cela faisait plus de cinq ans qu'ils ne s'étaient pas vus, mais il avait l'impression qu'ils ne s'étaient quittés que la veille. Madame Vidal, qu'il n'avait rencontrée que très peu, lui manifestait une sympathie réconfortante. Il aurait dû venir plus tôt. Ne serait-ce que pour rembourser sa dette d'honneur.

— Rentrons un instant, dit Jean-Luc.

Ils pénétrèrent dans la villa.

— J'ai immédiatement reconnu la maison.

Il regardait autour de lui.

— Vous avez bien fait de venir vous installer ici. Cela vous a fait du bien.

Il sortit de sa poche l'enveloppe qu'il avait préparée.

— Avec tous mes remerciements, dit-il solennellement en la posant sur une console de marbre rose.

— Qu'est-ce que c'est, demanda Jean-Luc ?

— Je rembourse ma dette.

— Quelle dette ?

— Vous savez bien.

— Ah oui ! Je vois. Mais, ce n'était pas grand-chose et cela n'a jamais été un prêt.

— Je tiens absolument à vous rembourser, intérêts et capital. Cela m'a probablement porté bonheur puisque j'ai gagné beaucoup d'argent dans cette affaire, il n'y a pas de raison que vous n'en ayez pas votre juste part.

— Dans ce cas, je n'insiste pas.

Ils ne l'invitaient pas à s'asseoir et cela lui sembla curieux.

— Je tombe probablement mal, dit-il. Cela m'a pris d'un seul coup et j'ai préféré ne pas remettre ma visite. C'était en quelque sorte une question de principe.

— Vous ne nous dérangez pas du tout. Vous avez bien fait de venir. Cependant, comme vous l'avez remarqué, nous partions lorsque vous êtes arrivé.

— Ah ! Je me disais bien que vous étiez sortis bien vite. Je reviendrai vous voir un autre jour. Maintenant que je connais le chemin de la maison…

— Mais non ! Il n'est pas question que vous repartiez. Sortir c'est beaucoup dire, nous allons déjeuner chez notre voisin immédiat, Pierre Chauvin. Vous nous accompagnez. Avec lui, il n'y a aucun problème. Vous êtes aussi invité.

— Je ne veux pas être importun…

— Mais vous ne l'êtes pas du tout ! dit madame Vidal. Pierre sera ravi. Nous allons quand même le prévenir.

— Dans ce cas, d'accord. Je serai heureux de connaître un homme aussi accueillant.

Madeleine sortit de la pièce.

— Vous voulez vous rafraîchir ou téléphoner ?

— Non, merci. Je viens directement de mon hôtel.

Madame Vidal revint.

— J'ai averti Pierre que nous amenions Thomas. Il est ravi.

Ils sortirent. Jean-Luc tira simplement la porte derrière lui.

— Vous voyez, nous n'avons pas besoin de fermer la porte à clé. Cela nous change de la région parisienne. Ici, il n'y a pas de délinquance.

* * *

Tout était devenu si simple soudain. Dire qu'il aurait pu faire ces choses bien plus tôt, au lieu de s'infliger toutes ces années de pénitences. Est-ce que quelqu'un valait un tel sacrifice ?

Le ciel était plus beau que jamais et tout le paysage environnant semblait être recouvert d'une fine couche d'or. Pour peu, il se serait mis à siffler. Ses merveilleux amis n'y auraient probablement vu rien d'anormal.

— J'ai l'impression d'avoir toujours connu votre jardin. Vous en aviez tellement parlé. Et, de cette vue sur le bassin de Thau et sur Sète. Il ne manque plus que votre bateau pour compléter l'image.

— Nous en avons bien un, mais il est bien plus petit que celui que j'avais envisagé tout d'abord. Avec les nouvelles lois fiscales qui ont été édictées, cela serait trop onéreux. Et puis, j'avais peut-être vu un peu grand.

Une ombre passa dans le visage de Jean-Luc.

— Je vous ai rappelé quelque chose de triste ? Est-ce à propos de Christiane ? Je ne l'ai pas vue. Comment va-t-elle ?

— Elle a préféré aller vivre avec sa mère. Nous ne savons pas très bien pourquoi.

— Quel âge a-t-elle maintenant ? Seize, dix-sept ans ?

— Dix-neuf ! Le temps passe vite.

— Pour nous aussi, il passe encore plus vite, renchérit Madeleine.

— Vous souvenez-vous que nous avions évoqué l'éventualité de son départ ?

— Je me souviens notamment de ce restaurant marocain de la rue de Budapest où nous dégustions ce fameux couscous royal arrosé d'une bonne bouteille de Boulaouane ?

— Vous aviez raison lorsque vous disiez que le fait qu'elle soit bien chez nous, avec tout ce qu'elle pouvait désirer, n'allait pas obligatoirement la retenir.

— J'espère que cela ne s'est pas trop mal passé ?

— Au contraire. Figurez-vous que, contre toute attente, après toutes ses frasques de jeunesse, la mère de Christiane a épousé un garçon très bien. Il est de la région, ils se sont finalement installés à Sète. Non seulement Christiane peut venir nous voir aussi souvent et aussi longtemps qu'elle le désire, mais encore, de chez nous, nous voyons leurs fenêtres de l'autre côté du bassin de Thau. Elle fait la route sur son scooter.

— Nous pouvons nous envoyer des messages visuels, ajouta Madeleine.

— Quand on pense que vous aviez déménagé pour vous éloigner de la famille ?

— Oui, c'est plutôt amusant. Heureusement que cela se passe bien, finalement.

* * *

L'extérieur de la villa de Pierre Chauvin était décoré avec un soin extraordinaire. Rien n'avait été laissé au hasard. Le jardin était, en lui-même, une véritable œuvre d'art avec des allées, des contre-allées, des statuettes disposées selon des thèmes. On y circulait grâce à un jeu de petites portes qui s'ouvraient automatiquement, certaines en musique. Des jets d'eau déclenchés par des mécanismes cachés jaillissaient, ici et là, à leur passage. Le clou du jardin était un grand bassin d'eau de mer dans lequel s'ébattaient des poissons de taille moyenne que l'on n'avait pas l'habitude de voir chez un particulier.

— C'est fantastique, dit Thomas.

— L'eau est maintenue à température constante et le bassin est couvert durant l'hiver, bien qu'il ne fasse pas très froid par ici, Pierre a réalisé lui-même toutes les installations et tous les embellissements intérieurs et extérieurs de sa villa. Cela représente des années de travail. Il y passe tous ses moments de liberté.

Thomas se tourna vers la villa. Les murs extérieurs étaient entièrement carrelés de blanc et de rose. Elle se découpait, étincelante sur le bleu limpide du ciel.

— Combien sont-ils à vivre là-dedans ?

— Pierre est seul depuis le mariage de sa fille. Il a une domestique à plein-temps qui a son studio dans la maison.

— Il travaille dans le bâtiment ?

— Pas du tout, il était dentiste. À Montpellier, justement. Bien que sa propriété soit voisine de la nôtre, elle ne fait pas partie de notre lotissement. Quand Pierre a acheté le terrain, la maison existait déjà, mais elle n'était pas terminée. L'ancien propriétaire, un commerçant qui avait fait faillite a dû vendre tous ses biens. De sorte qu'il a eu la propriété pour une bouchée de pain. Il venait de se marier. On peut supposer qu'il avait l'intention d'avoir une grande famille, mais sa femme est partie et il ne s'est jamais remarié. Il habitait encore Montpellier à l'époque, mais il venait y travailler dès qu'il avait un moment de libre.

— Il a déjà pris sa retraite ?

— Oui. Je crois qu'il en avait assez de travailler. Les livres qu'il publie lui rapportent suffisamment pour vivre.

Un homme d'une cinquantaine d'années apparut à un balcon.

— J'espère que Thomas a apprécié la visite, dit-il sur un ton enjoué ?

— Il me faudrait être bien difficile. Ce que vous avez fait ici est tout simplement fabuleux.

* * *

Pierre, un grand brun, svelte et bronzé, avait un visage avenant. Il reçut Thomas comme un ami de longue date. Il les fit entrer dans un vaste salon tendu d'un tissu d'un jaune délicat, entre l'or et l'ocre, mais très pâle. Les fauteuils et les divans blancs ou orange faisaient avec les meubles laqués noirs un contraste à la fois lumineux et chaud.

— La princesse n'est pas arrivée, demanda Jean-Luc ?

— Elle traîne dans la cuisine, mais elle sait que vous êtes là, elle ne va pas tarder à nous rejoindre. D'ailleurs, la voilà.

— Salut les vieux ! dit une voix derrière Thomas.

Thomas ne se retourna pas, car il était certain d'avoir reconnu la voix. Son sang s'était glacé dans ses veines puis, aussitôt après, une vague de chaleur l'avait envahi de toute part. Les pensées et les images se bousculaient dans sa tête. Il regardait son hôte d'un air gêné, priant le ciel que son trouble ne fût pas visible, mais Pierre ne regardait pas dans sa direction.

— Tu pourrais être plus respectueuse avec nos invités, dit-il sans conviction.

Corinne, parce que c'était bien elle, ne répondit pas. Elle avait reconnu Thomas de dos et elle le fixait de ses beaux yeux agrandis de surprise. Thomas se leva et se retourna vers l'arrivante.

— Bonjour, dit-il en lui tendant une main hésitante.

Corinne bredouilla quelque chose d'incompréhensible.

— Vous vous connaissez ? demanda Pierre.

Ce fut Corinne qui reprit ses esprits la première.

— Thomas a eu la gentillesse de me dépanner, il y a quelques jours à Montpellier et nous avons dîné ensemble.

Elle lui tendit la main.

— Comment allez-vous depuis la dernière fois ?

Elle avait dit ces quelques mots naturellement, mais la scène qu'ils évoquaient le fit rougir.

— Tout va bien, bredouilla-t-il. Très bien même. Je dois avouer que je ne m'attendais pas à vous revoir.

— Qu'est-ce que vous faites par ici ?

— Je connais les Vidal depuis très longtemps, mais c'est seulement ce matin que j'ai décidé de venir les voir. Ils ne savaient pas que j'étais à Montpellier.

— C'est une chance, dit Corinne avec une lueur moqueuse dans le regard.

Thomas ne savait plus comment se tirer de cette situation embarrassante.

— Jean-Luc et moi avons travaillé dans la même entreprise à une certaine époque. Il était mon supérieur hiérarchique.

En disant cela, il se rendit compte de l'analogie de la situation avec Jean-Jacques, mais Corinne ne sembla pas s'en rendre compte.

— J'espère que vous me pardonnez de m'être ainsi imposé chez vous, dit-il après une courte hésitation ?

— Au contraire, vous avez très bien fait d'accepter, dit-elle en se tournant vers son père. N'est-ce pas Papa ?

— Croyez bien que cela nous fait vraiment plaisir, dit Pierre. Nous ne voyons pas grand monde. Je m'en veux un peu, surtout pour Corinne. Si nous prenions l'apéritif ?

Thomas pensait aux romans populaires de sa mère qu'il avait lus quand il était plus jeune et dans lesquels des rebondissements surgissaient à chaque page. Il était un peu inquiet, il ressentait un point douloureux dans la poitrine et il craignit un instant que son cœur ne lâchât. Il comprenait mieux en revoyant Corinne le sens profond de la phrase, « la femme est le repos du guerrier ». Passé l'effet de la surprise, il se rendait bien compte que sa seule présence l'apaisait et le dynamisait à la fois. Il ne s'agissait pas que d'une impression subjective, il se sentait comme physiquement relié à elle par une sorte de canal subtil, par lequel elle déversait en lui un flot de sève et d'énergie. Il dut faire un effort pour détacher son regard de celui de la jeune femme, convaincu qu'il devait en être de même pour elle. Comme lors de leurs rencontres précédentes, les pupilles irisées de la jeune femme le captivaient.

— Eh bien, dit Pierre, tu ne vas nous laisser mourir de soif ?

Corinne regarda fixement son père et, subitement, comme par défi, elle se pencha vers Thomas et lui posa un baiser sur la bouche.

— Autant que tu le saches tout de suite, j'ai couché avec lui, dit-elle.

Pierre ne répondit pas, mais son visage se ferma. Il avait une manière curieuse de serrer les lèvres qui lui donnait l'air d'un enfant boudeur.

— Et je l'aime, continua-t-elle.

Pierre regarda Jean-Luc et Madeleine puis se tourna de nouveau vers Corinne.

— Tu sais qu'il te faut faire attention à toi.

— Je ne suis plus une enfant, tu sais ? Que pourrait-il m'arriver ?

Pierre la regarda avec un air de reproche.

— Tu sais bien de quoi je veux parler. Ne fais pas l'innocente.

— De quoi peux-tu avoir peur ? De toute manière, quand je suis à Montpellier tu ne sais pas ce que je fais ni qui je vois. Alors ?

Pierre se contenta de pincer les lèvres. Thomas se leva gauchement.

— En ce qui me concerne, je peux vous affirmer que c'est tout à fait par hasard que je suis venu aujourd'hui chez les Vidal, bien qu'ils m'aient invité depuis leur installation. J'avais l'intention de les emmener au restaurant.

— N'en parlons plus, dit Pierre. L'incident est clos.

Il se tourna vers Madeleine.

— Que prendrez-vous, Madeleine ?

— Un Ambassadeur, comme d'habitude.

VI
Premier incident

Palavas-les-Flots, samedi 19 mai 1990

Le temps était radieux. Les bateaux de plaisance allaient et venaient dans l'embouchure du Lez. Une foule de promeneurs s'égaillait sur le quai Paul Cunq. Les queues s'allongeaient devant les embarcadères de promenades en mer. Thomas et Corinne entrèrent dans un restaurant.

— C'est moi qui invite. Laisse-moi faire, dit Thomas.

Il commanda un déjeuner somptueux.

— Que fêtons-nous chéri ? demanda Corinne.

— Cela fait aujourd'hui un mois que nous vivons ensemble vingt-quatre heures sur vingt-quatre. Cela mérite un festin.

— Ah ! bon ? Et tu crois que tu resteras longtemps avec moi, répondit Corinne en souriant ?

— Je le souhaite ! Je ne me suis jamais senti aussi bien. Ma nouvelle vie commence à prendre forme. Élisabeth a demandé le divorce et j'ai signé tous les papiers que son avocat m'a fait parvenir.

— Tu es donc un homme libre maintenant.

— Libre et comblé. Et c'est toi qui me combles.

Thomas sembla réfléchir.

— Au fait, dit-il sur un ton hésitant, j'ai interrogé Madeleine et Jean-Luc à propos de la petite phrase de ton père le jour où je t'ai rencontrée chez lui, ils n'ont rien voulu me dire. De quoi parlait-il ?

Depuis un mois, Corinne faisait tout pour rendre son existence le plus agréable possible et elle y réussissait parfaitement sans avoir l'air de se forcer. Elle ne se contentait pas d'être d'une disponibilité sexuelle totale, elle se montrait d'une finesse et d'une intelligence qu'il n'avait rencontrées nulle part. Néanmoins, il se posait des questions qu'il n'osait formuler et il sentait peu à peu monter en lui une inquiétude dont il ne parvenait pas à déterminer la cause, puisque tout allait pour le mieux. Il n'avait rien d'autre à faire pour le moment que se laisser vivre, et le comportement de Corinne laissait supposer qu'il en était de même pour elle. « D'abord la liberté », avait-il pensé aussitôt qu'il en avait été capable. Il lui semblait que ni le confort ni la sécurité ne sauraient justifier la perte de la liberté. Ni même l'amour d'une femme. Et il avait tout obtenu sans avoir fait aucun effort, sans l'avoir vraiment cherché, comme autant de cadeaux du destin. Peut-être, en y réfléchissant, les avait-il envisagés comme une simple éventualité dans son adolescence. Était-ce une prémonition ou, au contraire, la matérialisation d'un désir ?

— Ils n'ont pu te répondre, parce qu'il n'y a rien de spécial à dire.

Corinne avait attendu un long moment avant de répondre, mais tandis qu'il continuait dans ses pensées, il attendait sa réponse avec une certaine inquiétude.

— Pourquoi a-t-il jugé bon de te donner ce genre d'avertissement devant quelqu'un qu'il ne connaissait pas ?

— Mon père se fait toujours du souci pour moi. Probablement parce qu'il m'a élevée seul et que j'ai été fragile pendant quelque temps.

— Si tu as l'habitude de le braver comme tu l'as fait, on peut le comprendre. Il n'était pas absolument nécessaire de m'embrasser sur la bouche devant lui dès le premier jour.

Corinne avait l'air tranquille, mais Thomas sentait qu'elle l'observait.

— Je voyais bien que quelque chose te tracassait, dit-elle.

— Ce n'est pas tout à fait cela. Je ne suis pas le moins du monde tracassé. Je plane, au contraire. Je suis bien. Mais…

Corinne souriait.

— Moi aussi, je suis bien avec toi, dit-elle en posant une main sur celle de Thomas qui serrait fortement son couteau.

C'était vrai, il n'était pas, à proprement parler, tracassé. Il avait posé cette question pour parler, pour se débarrasser d'une pensée lancinante. Comme on éloigne une mouche. Du moins, le croyait-il. Cela n'avait pour lui aucune importance. Rien n'avait d'importance. À l'altitude où il planait désormais, il se sentait inaccessible. Finis les journaux, les nouvelles télévisées dont il croyait naguère, épisode après épisode, qu'ils étaient indispensables pour son existence. À présent, il se rendait bien compte que ce n'étaient que des événements sans réelle importance, lorsque ce n'était pas des montages fallacieux. Quand une guerre se terminait quelque part, une autre éclatait ailleurs, et les catastrophes, naturelles ou pas, se succédaient à une allure trop régulière pour laisser naître l'espoir d'un répit. Thomas commençait à se rendre compte du fait qu'il n'y avait aucun hasard dans l'existence. Il devait exister un dispositif caché, analogue au système digestif. Toutes les pensées, tous les désirs des hommes aboutissent peut-être à un immense appareil universel pour créer, au bout d'une chaîne de réactions, la vie.

— Je suis bien avec toi, répéta Corinne.

Il ne répondit pas.

— Tu m'entends, mon chéri ?

— Oui, bien sûr.

— Tu me parais plongé dans tes pensées.

Corinne parlait tranquillement. Il n'y avait aucune agressivité, ni aucune inquiétude apparentes dans sa voix, mais au contraire, cette infinie douceur dont il ne se sentait pas près d'être rassasié. Il lui semblait que la présence de Corinne ne lui avait jamais manqué et il n'y avait aucune angoisse quant à son éventuelle absence. Il était en elle et avait l'impression qu'elle vivait en lui, qu'ils ne formaient qu'une seule même personne.

— À quoi penses-tu ?

Il regarda son visage, en détail. La peau veloutée dont il pouvait sentir la douceur rien qu'au regard. La bouche souriante, le nez si délicat, aux ailes frémissantes, le front lisse et dégagé de toute ombre, les yeux étincelants à la fois, d'intelligence, d'attention et de bienveillance. Un tel équilibre, une telle harmonie pourraient-ils cacher quelque vice ?

— Je pensais à toi et à moi, dit-il.

— En bien, j'espère ?

— Il ne pourrait en être autrement. Il me semble que je t'ai toujours connue, que tu as toujours fait partie de moi. Il y a deux mois, je n'aurais même pas osé imaginer qu'un tel bonheur pouvait exister.

Il la regardait si intensément que Corinne troublée baissa les yeux.

— Arrête de me regarder comme cela, dit-elle en mettant une main devant son visage.

— Je suis heureux, parfaitement heureux.

— Moi aussi.

Elle avait l'air tellement sincère qu'il se sentit sur le point de pleurer.

— J'ai eu cependant beaucoup de mal à admettre que ma vie avait pu changer autant, continuait-elle.

Elle eut un sourire bref un peu déformé.

— Tu vas te moquer de moi, mais très souvent, alors que tu étais tranquillement endormi près de moi, je m'efforçais à rester éveillée. Paradoxalement, j'étais persuadée que je dormais et que notre aventure n'était qu'un rêve dont j'allais me réveiller. Je me répétais avec angoisse : « Je ne veux pas me réveiller. Je ne veux pas me réveiller ! » C'est bête, n'est-ce pas ?

Il lui prit la main, attendri.

— Tu es stupide !

— Tu veux dire que je suis folle ?

— Mais non ! Qu'est-ce que tu racontes ?

— Je ne plaisante pas… Je vais te poser une question et j'aimerais que tu me répondes franchement.

Elle prit un air sérieux.

— Ne crois-tu pas que je sois un peu folle ? Dis-moi ce que tu penses de moi ? Franchement !

Thomas ne répondait pas.

— Vas-y !

Thomas sourit.

— Allez, réponds !

— C'est là une question bien difficile après une bouillabaisse et ce petit « Côtes de Provence » qui s'est laissé boire sans protester.

— Tu n'oses pas me répondre, hein !

Sur le quai comme dans le restaurant, le va-et-vient incessant de la foule bien décidée à profiter de ce week-end exceptionnel et s'exprimant joyeusement en plusieurs langues était un peu étourdissant. Thomas observa un moment l'intense activité des bateaux. Il se sentait plus spectateur qu'acteur, y compris de sa propre existence. Il n'avait jamais été aussi calme, aussi serein, de corps comme d'esprit. Avec la fébrilité, le doute et l'insatisfaction l'avaient quitté. Avant Corinne, il fallait perpétuellement lutter, discuter, calculer, faire attention à tout et, subitement, sans aucun signe avant-coureur, il s'était retrouvé libre. Il vivait désormais dans un autre monde, dans une autre dimension. Est-ce que les autres ressentaient eux aussi cette métamorphose ? Était-ce « l'âge d'or », l'ère du Verseau que certains avaient prédite ? L'humanité tout entière n'avait-elle pas basculé en même temps que lui dans un autre monde ? Peu lui en importait la cause, la seule chose qu'il retenait était que la vie était enfin devenue vivable. Comme pour confirmer ses réflexions, un homme entra en riant dans le restaurant, une mallette de boules de pétanque à la main.

— C'est Henri Salvador, le chanteur, dit Corinne.

La personnification de la gaieté. Encore un signe indiquant que la vie pouvait être une fête vivante. Thomas regarda les gens autour de lui. Tout le monde lui souriait, mais peut-être n'était-ce qu'une impression. Un couple qui passait dans la rue se dirigea vers eux. Lui, très brun, plutôt grand, svelte, dans les vingt-huit ans. Il avait la démarche raide. Son visage blême et glabre était d'une beauté étrange. Il faisait de grands signes en approchant et Thomas se demandait s'il le connaissait et il fut surpris d'entendre la voix de Corinne.

– Hello Serge ! Que fais-tu par ici ?

Le ton de Corinne était enjoué, mais son regard scrutateur, incisif. L'homme qu'elle avait appelé Serge l'embrassa sur les joues.

— Nous sommes de passage, dit-il l'air pressé. Tu ne me présentes pas ton ami ?

— Il s'appelle Thomas. Thomas, je te présente Serge, un ami d'enfance.

— Bonjour Thomas ! Heureux de vous connaître.

Il posa la main sur l'épaule de la jeune femme blonde qui l'accompagnait.

— Cette jolie fille c'est Jocelyne, une collègue de bureau. Toi Corinne, tu la connais. Elle est sortie plusieurs fois avec nous, à Paris.

La jeune femme avait le teint et les cheveux d'une blondeur délicate qu'accentuait sa robe aux tons pastel. Thomas les observait sans rien dire. C'était la première fois qu'il rencontrait des gens qui avaient connu Corinne, à part, bien entendu, son père et les Vidal, et la jeune fille ne paraissait pas très enchantée de cette rencontre. Elle souriait néanmoins.

— Elle sort d'une mauvaise passe, continuait Serge, j'essaie de la distraire un peu. Christophe l'a quittée dans des conditions effroyables. Tu le connaissais lui aussi.

Corinne le regardait sans réagir.

— Christophe ?

— Mais si ! Christophe ?

— Mais si, insistait-il se tapant sur les cuisses d'impatience devant l'air absent de Corinne. Jocelyne en parlait sans arrêt.

— Je ne vois pas.

— Le fameux Totof… Un grand blond frisé qui faisait de la moto. Ils étaient ensemble depuis que Jocelyne avait quinze ans.

Jocelyne, elle, ne disait rien, elle gardait un air renfrogné qui ne lui enlevait rien à sa beauté délicate. Il faudrait plutôt dire, à sa joliesse. Elle était jolie, très jolie. Son visage diaphane d'une douceur et d'une délicatesse que Thomas n'avait jamais vues.

— Je parle, je parle, mais nous ne pouvons pas rester plus longtemps ; nous sommes attendus. J'étais juste entré pour acheter des « Dunhill ».

Il fit un signe rapide de la main.

— À un de ces jours ?

Il repartit, entraînant à sa suite Jocelyne qui n'avait pas prononcé un mot et dont Thomas se demandait si elle existait vraiment, tant elle était absente. Il ne se souvenait déjà plus d'elle. Ses traits s'effaçaient déjà de sa mémoire, il ne restait plus que des impressions, comme les traces délavées de certaines aquarelles.

* * *

Un silence pesant s'installa entre eux. Thomas s'était renversé sur son siège et regardait autour de lui d'un air pensif. Il se servit un verre d'eau, le porta à ses lèvres et le reposa sans y toucher. Il se tourna vers Corinne.

— Pourquoi me regardes-tu ainsi ? dit celle-ci.

— Je ne te regarde d'aucune manière particulière. Nous sommes ensemble, n'est-ce pas ? Qui d'autre veux-tu que je regarde ?

C'était vrai, il ne pensait pas du tout à elle, mais il avait dû la fixer en pensant à Jocelyne.

— On dirait que tu m'en veux, insistait-elle ? À quoi pensais-tu ?

— À rien, je te l'assure. Ou plutôt, je pensais à la transparence de Jocelyne.

— Comment cela, la transparence ?

— Je n'arrive pas à me souvenir de ses traits. Comme si elle n'avait été qu'un fantôme, sans consistance.

— Tu trouves ? Pourtant elle t'a impressionné semble-t-il. Je peux te dire qu'elle a du caractère, malgré les apparences.

— Tu m'étonnes.

— Quand elle parle normalement, elle a une voix extrêmement douce, mais quand elle est fâchée, elle devient une véritable furie. Elle peut se mettre à crier, à hurler des grossièretés que tu n'imaginerais jamais dans sa bouche. Heureusement que cela ne lui arrive pas très souvent.

— J'ai beaucoup de peine à le croire.

— C'est pourtant vrai. Je crois que cela vient de son enfance. Quand on sait ce qu'elle a vécu ? Il faut reconnaître que c'est plutôt difficile à assumer.

— Quel est son drame ? ironisa Thomas.

— Quelque chose de fou. Imagine ! Ses parents avaient des amis, un couple qui avait, tout comme eux, deux enfants, une fille et un garçon un peu plus âgés que Jocelyne et son frère. Ces amis étaient très aisés et donnaient à leurs enfants absolument tout ce qu'ils pouvaient désirer. Le jour où ils ont refusé de satisfaire une de leurs fantaisies, sais-tu ce qu'ils ont fait ?

— Ils ont pris de l'argent sur le compte de leurs parents ? Ils ont vendu le mobilier ?

— C'est encore pire. Ils les ont tués. Tu te rends compte ? Ils ont tué leur père et leur mère pour de l'argent. Les parents de Jocelyne ont été tellement choqués par ce drame qu'ils ont cessé de s'occuper d'elle et de son frère. Ils ont été élevés par leur grand-mère, mais plus le temps passe, plus Jocelyne aime son père. Elle fait tout pour attirer son attention. Par exemple, elle ne prend jamais de ticket dans les transports en commun et chaque fois qu'elle se fait prendre, elle donne l'adresse de ses parents pour qu'ils paient les amendes.

— Je comprends que cela puisse expliquer un comportement, mais ce n'est pas toujours le cas.

— Je ne vois pas de quoi tu veux parler.

— Ton ami par exemple est homosexuel, n'est-ce pas ?

Corinne le fixa avec étonnement.

— Serge ?

— Bien sûr !

— Je n'en sais rien, mais je ne le pense pas, dit Corinne, l'air dubitatif.

— Si tu as eu l'occasion de sortir avec lui, tu n'as pas pu ne pas le remarquer.

— Tu sais, je ne m'occupe pas de ce genre de choses.

— Où l'as-tu connu ?

— À Sète, tout simplement.

— Il y habite ?

— Pas vraiment, mais ses parents y ont un appartement depuis toujours et il y passe ses vacances d'été depuis son enfance.

— De sorte que tu le connais de longue date ?

— Pourquoi me poses-tu toutes ces questions ? Nous n'allons pas parler de Serge tout l'après-midi ?

Pour la première fois, Thomas voyait dans ses yeux quelque chose qui pouvait être de l'impatience, peut-être même de la colère. Corinne s'agita sur son siège.

— Ta réaction m'étonne beaucoup. Tu n'aurais pas eu une aventure avec lui ? À moins qu'il ne soit au courant de certaines choses que tu ne souhaites pas que je sache ?

— Tu n'es quand même pas jaloux de lui ?

— Pas du tout. D'autant plus que, pour ma part, je suis absolument certain qu'il ne peut s'intéresser à une femme autrement que comme « copine ».

— Je n'en sais rien.

— Il m'a pourtant semblé qu'il existait entre vous une sorte de connivence.

— Que veux-tu dire ?

— Il a prétendu être entré pour acheter des cigarettes, mais il n'en a pas pris et en repartant, il a sorti machinalement un paquet de sa poche et il était encore plein.

— Qu'est-ce que tu en déduis ?

— Rien ! Je suis persuadé qu'il t'a passé un message ou fait un signe quelconque. N'ai-je pas raison ?

Corinne s'obstinait à regarder ailleurs.

— Je ne vois ce que tu veux dire.

Elle prit son sac à main.

— Rentrons ! Tu veux bien ?

— Mais, nous avions projeté d'aller jusqu'à Aigues-Mortes… Qu'est-ce qui te prend tout à coup ?

— J'ai envie de toi. De faire l'amour. Pas toi ?

— Bien sûr, mais nous pourrions aussi bien le faire dans la voiture ou dans les dunes.

— Je préfère quand même rentrer.

Corinne se leva et sortit du restaurant sans plus attendre. Après un instant de surprise, Thomas se dirigea vers le comptoir, régla l'addition et sortit à son tour.

Ils partirent vers la gauche, en direction de la plage. L'ambiance n'était plus à la fête, la foule était devenue insupportable et la rumeur confuse qui remplissait l'air, ponctuée des cris joyeux et stridents des joueurs de badminton et de volley-ball, était une véritable agression pour les oreilles de Thomas. Le temps avait maintenant du mal à avancer et l'air était soudainement devenu irrespirable. Thomas porta la main au niveau de son cœur et se frotta la poitrine.

— Qu'as-tu ?

— Rien ! Rien ! répondit Thomas.

Bizarrement, ses pensées s'accéléraient et s'intensifiaient. Comme si son cerveau pensait tout seul. Il prenait conscience du défilement effréné de ses pensées, mais il ne pouvait pas les contrôler. Il eut du mal à atteindre le parking pourtant proche. Les faibles trépidations de la voiture lui donnaient l'impression d'une explosion imminente à l'intérieur de son corps et cela le conduisait à se raidir. Il ne fut soulagé que lorsque Corinne rangea la voiture dans le garage. Ils restèrent un moment assis sans rien dire. Thomas essayait de cacher à la fois la douleur qui lui trouait la poitrine et le phénomène qui se déroulait dans son mental. Des phrases entières lui semblaient sortir de son front sous forme d'un ruban qui passait devant ses yeux, mêlées à des images de scènes incroyablement précises et colorées. Cependant, il ne comprenait ni les mots ni les images. Qu'est-ce que cela pouvait signifier ? Était-ce des hallucinations ? Est-ce qu'il devenait fou ?

— Il y a des zones de ta vie qui m'effraient sans que je puisse dire pourquoi.

La douleur s'atténua progressivement, comme pompée par ces quelques mots.

— Ta conduite est irréprochable pourtant, et tu me plais à un point que tu ne pourrais imaginer… Bien plus encore, je t'aime d'une manière absolue, comme s'il n'y avait que toi et moi au monde et personne d'autre. Tu es devenu ma seule raison d'exister, la substance même de ma vie.

Il parlait lentement, pesant ses mots, ou plutôt, les contrôlant au passage, car ils semblaient curieusement monter par leur propre volonté des profondeurs insondables de son être et pas de son cerveau.

— Malgré moi, je t'ai observée durant tous ces jours et toutes ces nuits que nous avons passés ensemble. Et ma conclusion est que je ne mérite pas quelqu'un comme toi… À moins que tu ne sois pas tout à fait celle que tu parais être.

— Viens, dit-elle, cesse de te faire du mal en pensant à toutes ces salades.

Mais il y pensait encore alors que, allongé sur le lit, il se laissait faire. Il était sur le dos et Corinne, à demi couchée près de lui, avait pris sa verge dans la bouche. Cela, par exemple, était une chose qu'il n'aimait pas. Non pas l'acte lui-même, mais l'avidité, la gourmandise qu'elle manifestait alors. Il ne pouvait résister longtemps au travail de ses lèvres, toniques et douces à la fois, qui se contractaient autour de sa verge provoquant chez lui des spasmes dont il attendait, avec une étrange angoisse, l'heureuse délivrance. Il lui semblait que le seul but de Corinne, dans ces moments-là, était de se repaître de sa chair et de s'abreuver de son sperme, comme une droguée en manque. Il avait même un peu peur qu'un jour, emportée par sa fougue, elle ne lui coupât la verge avec ses dents. Elle aimait cela par-dessus tout. Après chacun de leurs rapports, elle se précipitait l'air de rien pour happer le pénis flasque et recueillir jusqu'à la dernière goutte. Même lorsqu'il était quelque peu maculé du sang de ses règles. Elle manifestait aussi un goût immodéré pour sa sueur qu'elle léchait avec un plaisir évident.

— Il y a de quoi en étonner plus d'un, dit-il à haute voix.

— De quoi parles-tu ?

Elle avait un peu relevé la tête, mais sa main continuait à s'affairer, non pas de manière mécanique, mais avec une attention totale. Il ne s'était jamais rendu compte que la poigne de Corinne fût aussi puissante que celle d'un travailleur manuel, avec toutefois la douceur en plus. En fait, elle possédait sous son aspect délicat une exceptionnelle robustesse, due notamment à la pratique régulière de la natation, de la gymnastique ainsi que du vélo, qui en faisait au lit une partenaire infatigable.

— Ce qui m'étonne, c'est la manière dont tu m'es arrivée… Comme le gros lot d'une tombola à laquelle je n'avais même pas joué. J'ai l'impression d'avoir été manipulé depuis le premier jour de notre rencontre.

— J'en suis bien incapable, crois-le.

— Peut-être, mais, avoue que tu me caches certaines choses ?

Corinne relève la tête.

— Que pourrais-je te cacher ?

Elle parlait paisiblement, comme si cela ne concernait pas vraiment.

— Je ne sais pas, mais je suppose que cela ne doit pas être très beau.

Elle se concentra sur son action en gémissant et en se frottant contre Thomas. Elle s'arrêta et releva la tête comme absente. Elle sourit.

— Tu es tout simplement jaloux.

— Si tu veux parler de Serge, je ne vois pas comment je pourrais être jaloux de quelqu'un qui, j'en suis convaincu, serait incapable de faire l'amour à une fille.

— Pourquoi dis-tu cela ? Il est normal.

Tout en parlant, elle le caressait, couvrant son corps de petits baisers.

— Comment peux-tu en être si sûre ? Tu as eu des rapports sexuels avec lui ?

Corinne se releva brusquement et bondit vers la salle de bains. Thomas en profita pour se rhabiller rapidement. Il était partagé entre la répugnance et le désir d'en savoir plus, entre la tranquillité d'esprit et un besoin masochiste d'une souillure qui le libérerait d'elle.

Il y eut un vacarme soudain. Des bruits de vomissements, d'une extrême violence. Thomas pensa tout d'abord que Corinne jouait la comédie, mais il courut vers la salle de bains. Un spectacle surprenant l'y attendait. Elle était debout, la tête penchée en arrière, tremblant de tous ses membres raidis, au beau milieu de la pièce qu'elle avait éclaboussée presque entièrement de ses vomissures. Thomas la prit dans ses bras et la porta dans la chambre. Il la posa sur le lit défait. Elle avait les yeux exorbités et fixes. Il essaya de desserrer ses mâchoires pour voir si sa langue ne s'était pas retournée dans sa gorge et ne risquait pas de l'étouffer. Rassuré, il alla chercher un torchon humide dans la cuisine et lui en fouetta doucement les joues.

— Corinne ! Corinne ! Réveille-toi ! Réveille-toi ! C'est fini. C'est fini.

Il se sentait étrangement calme, envahi par la tendresse en sentant le corps inerte dans ses bras. Il ne lui vint même pas à l'idée d'appeler un médecin. D'ailleurs, Corinne se détendait progressivement et les couleurs lui revenaient au visage. Ses yeux se fermèrent et elle sembla s'endormir. Son souffle avait retrouvé sa régularité et son ampleur. Si les traces bien évidentes ne persistaient dans la salle de bains, Thomas aurait pu douter de ce qui venait de se passer. Il prit une couverture de laine dans l'armoire et la couvrit soigneusement et se rendit dans la salle de bains. Les murs dégageaient une puissante odeur âcre et acide à la fois. Il fallait nettoyer les dégâts. Il n'y avait pas d'autre solution que de démonter la douchette et de laver le mur au jet, en s'aidant d'un balai, tant que c'était encore frais. Fort heureusement, la salle de bains s'ouvrait sur la terrasse.

VII
L'apparition d'Estelle

Ils étaient assis paisiblement dans le salon. Corinne avait retrouvé toute sa beauté, en même temps que sa sérénité habituelle. Au lieu d'effrayer Thomas, ce qui s'était passé la rendait plus proche que jamais.

— Il vaut mieux que je te le dise tout de suite, j'ai effectivement dormi avec Serge… Deux ou trois fois, pas plus.

Ils n'avaient pas reparlé de Serge depuis l'épisode de la salle de bains. Thomas laissa passer quelques secondes.

— Pourquoi ne dis-tu pas tout simplement « couché » ? Non seulement c'était avant de me connaître, mais même actuellement tu es libre, parfaitement libre. Je ne voudrais pas d'une relation qui tiendrait artificiellement par des serments ou des promesses.

— Ce que tu me dis me touche beaucoup. J'ai si peur de te perdre.

— Je t'ai déjà dit qu'il n'y avait aucun risque. Je t'accepte telle que tu es, donc si tu as eu des rapports sexuels avec lui, tu n'as aucune raison de vouloir me tromper sur vos relations. Par contre, tu peux te taire. Garder cela pour toi.

— Je ne veux rien cacher du tout. Si je dis que j'ai dormi avec lui, c'est parce que je n'ai fait que dormir.

— Tu veux dire que vous avez couché dans la même chambre, dans le même lit, mais qu'il ne s'est rien passé entre vous ?

— C'est cela.

— Il n'a même pas essayé ?

Corinne détourna la tête.

— Réponds !

Thomas insistait, mais sans aucune véhémence. Il se sentait incapable d'aucune agressivité en face de la douceur et de la fragilité de Corinne.

— Quelle importance cela peut-il avoir ? Il y a plus de dix ans que cela s'est passé.

— Dix ans ! Tu n'avais alors que quinze ou seize ans et comme tu fais très jeune, tu ne devais être qu'une gamine à cette époque ? Et Serge, quel âge pouvait-il avoir ?

— Il a trente-huit ans actuellement. Il est plus âgé que moi.

— Il paraît beaucoup plus jeune. Il doit se faire faire des nettoyages de peau régulièrement, de gommages et toutes sortes de soins esthétiques. C'est plutôt féminin, tu ne crois pas.

— C'est vrai.

— Tu vois ? Dans quelles circonstances tu as pu dormir avec lui ?

— J'avais dit à mon père que je passais le week-end chez une copine.

— Tu lui mentais ?

— Pas totalement ! C'était à moitié vrai. Je restais chez les parents de Sylvie toute la journée du samedi. Sa mère et elle me raccompagnaient à la gare, jusqu'à mon compartiment, mais je descendais par l'autre porte avant le départ du train.

— Tu veux me faire croire que tu faisais tout cela rien que pour dormir dans le lit de Serge ? Avoue que ton intention était bien de faire l'amour avec lui, mais qu'il n'y est jamais parvenu. Ça, je veux bien le croire. Et cela prouverait alors que j'avais raison de dire que Serge était homosexuel.

Thomas observait Corinne à la dérobée. Il ne reconnaissait plus tout à fait la jeune femme mûre et sûre d'elle qu'il admirait tant. Au contraire, elle avait à présent l'air d'une petite fille prise en faute, tremblante de peur à l'idée d'être grondée.

— Si vraiment tu ne veux plus en parler, il n'y a aucun problème. Ce serait bête que tu me mentes pour des choses sans importance.

— Il a essayé, mais je ne voulais pas.

Thomas leva les bras.

— Et cela continue ! Tu ne crois pas que tu es ridicule ?

— Mais, c'est la vérité.

— Soyons sérieux, si tu ne voulais pas coucher avec lui, pourquoi t'es-tu donnée tant de mal pour aller passer la nuit chez lui, et de plus, à trois reprises ?

— Je ne le voulais pas. Je te le jure sur ce que j'ai de plus cher.

— Alors il te suffisait de ne pas y aller. À moins qu'il n'ait eu alors un moyen pour t'y obliger ? Comment a-t-il pu te forcer à te rendre chez lui ?

Au fur et à mesure que Thomas parlait, Corinne devenait plus blême. Il la sentait « partir » progressivement. Une telle réaction ne pouvait cacher que quelque chose de très grave qu'il était décidé à découvrir, malgré le risque de la voir faire une nouvelle crise. Il se rendait compte que la belle indifférence qu'il affichait était feinte. Le seul fait de savoir qu'elle avait dormi, comme elle le disait, avec Serge, quel que pût être le sens réel de ce mot dans son esprit, l'avait instantanément délivré du charme qu'elle exerçait sur lui et dans lequel il se complaisait. Ou plutôt, ce charme était passé sous le contrôle de son intellect. Il se sentait comme dissocié. Une partie de son être continuait d'éprouver une adoration pour Corinne tandis que l'autre n'éprouvait que mépris et dégoût.

— Ton comportement me porte à croire que tu me caches des choses, peut-être même des choses graves. Ce que je te disais au sujet de ma tranquillité était faux. Le seul fait de penser que tu peux avoir couché avec Serge me tracasse. Il n'est pas digne de toi. Ni de moi d'ailleurs. Je n'aime pas ce genre de mecs.

Il se leva et alla s'adosser au mur en face de Corinne.

— Je t'en prie chéri, cesse de me poser des questions. Tu vois bien que tu me tortures.

Il s'approcha d'elle, le regard scrutateur.

— Tu n'es pas bien avec moi ? demanda-t-elle.

Il ne répondait toujours pas.

— Si tu as décidé de me quitter, dis-le franchement.

Thomas se pencha vers elle.

— C'est ce que tu veux, toi ?

— Je t'aime et je crois que je ne pourrais plus vivre sans toi.

— Ce n'est pas précisément l'argument qui pourrait me retenir. Je ne vais pas rester avec toi uniquement parce que tu prends du plaisir avec moi. Je crois que c'est surtout pour cette raison que tu es avec moi et, comme tu es très douée, je suis certain que tu aurais autant de plaisir avec n'importe quel homme.

— Il n'a jamais été question pour moi de coucher avec qui que ce soit d'autre !

— Je ne suis pas une drogue.

— Je ne pourrais même pas parler avec un homme sans l'aimer. Et, je n'ai jamais touché à la drogue.

Elle avait dit cette phrase comme si elle croyait qu'il parlait vraiment de stupéfiants, et Thomas était tenté de la croire sur ce point particulier. Depuis qu'il la connaissait, elle n'avait jamais eu de comportement douteux. Jusqu'à présent, il n'y avait que cet attachement immédiat et absolu qu'elle avait manifesté envers lui, qui lui avait paru bizarre, néanmoins elle paraissait sincère.

— Tu ne réponds pas à ma question. Comment Serge pouvait-il te contraindre à te rendre chez lui et y passer la nuit ?

Elle se mit à pleurer silencieusement.

— Réponds-moi !

Il n'avait pas besoin d'élever la voix, Corinne ne se défendait pas. Elle essuyait ses larmes en silence. Son regard apeuré manifestait tout ensemble l'amour, la soumission et l'espoir. Thomas comprit qu'elle était prête à répondre, à condition de ne pas la brusquer. Et ce fut à son tour d'être inquiet. Il avait le sentiment étrange qu'ils étaient tous les deux des naufragés réfugiés sur une île déserte et qu'ils ne pouvaient compter que sur eux-mêmes. Solidaires.

— Bon ! Essayons d'avancer, tu veux bien ?

Elle ne répondit pas, se contentant de regarder Thomas comme un chien regarde son maître sans comprendre ce qu'il dit.

— Si j'admets que Serge ne t'a pas obligée à te rendre chez lui, cela signifie que tu l'as fait volontairement ? Tu ne peux pas dire le contraire.

— Non !

Thomas se tapa dans les mains en souriant.

— Ça continue ! Pourquoi te buter ainsi ?

— Tu ne peux pas comprendre.

— Parce qu'il n'y a rien de spécial à comprendre. Tu n'as pas été la première jeune fille à avoir envie de coucher avec un garçon, et tu ne seras pas la dernière. Malheureusement pour toi, tu es tombée sur garçon qui n'aimait pas cela. C'est le moins que l'on puisse dire puisque tu prétends qu'il n'est pas homosexuel. Je reconnais que pour une gamine de cet âge cela peut être très traumatisant, mais cela aussi est connu. Les hommes efféminés exercent sur les filles le même charme trouble qu'elles ressentent entre copines.

— Ce n'est pas du tout cela.

Corinne s'était arrêtée de pleurer.

— Je ne demande qu'à comprendre. Explique-moi ? Raconte-moi ce qui s'est réellement passé.

— C'est la faute d'Estelle.

— Qui est Estelle ?

— Ma sœur.

— Comment cela, ta sœur ? Tu ne m'as jamais dit que tu avais une sœur. Ton père non plus n'en a jamais parlé. Pas plus que les Vidal, d'ailleurs. Ils ne la connaissent pas ?

— Non.

— J'étais persuadé que tu étais fille unique. Il me semble même que tu me l'as dit.

— Estelle est ma sœur jumelle.

— De mieux en mieux. Cela fait un mois que je vis avec toi vingt-quatre heures sur vingt-quatre, et je n'ai jamais vu aucune photo de jumelles chez toi ni chez ton père. Que vas-tu encore inventer ?

— Puisque je te dis que c'est la vérité.

— Pourquoi n'en parles-tu qu'aujourd'hui ? Et encore, pour prétendre qu'elle t'a forcée à faire des choses que tu ne voulais pas.

— Je n'en parle pas à cause de mon père. Pour ne pas lui faire de peine.

— Elle est morte ?

Corinne ne répondait pas.

— Si c'est le cas, pardonne-moi. Je me rends compte que je me suis montré maladroit et méchant… C'est fou ce que les gens peuvent mourir autour de toi.

Thomas se rapprocha de Corinne.

— Elle n'est pas morte, mais prostituée.

— Tu vois bien que tu mens.

— Ce n'est pas un mensonge. Estelle est vraiment prostituée. En tout cas, c'est ce qu'elle m'a dit.

— Décidément, rien ne t'arrête. Ta sœur jumelle se prostitue… Tu te rends compte du nombre de mensonges plus invraisemblables les uns que les autres que tu as sortis depuis que l'on se connaît ? Un ! Tu as tué ton mari, mais personne n'y a rien vu. Deux ! Ta mère est partie alors que tu étais encore toute petite. Trois ! Tu as dormi à plusieurs reprises avec un homme, contre ta volonté sans avoir de rapport sexuel. Quatre ! Tu as une sœur jumelle qui se prostitue.

Thomas se leva, dérouté. Le plus incroyable était que Corinne paraissait tout à fait sincère. Il ne savait plus que penser. Fallait-il continuer cette conversation insensée ?

— Je ne sais plus que penser ?

Il se rassit.

Bon. Je veux bien te croire, mais il faut que tu me dises où se trouve Estelle, puisqu'elle s'appelle ainsi. Quels sont vos rapports ?

— Je n'ai pas son adresse. Je sais seulement qu'elle habite Paris ou la région parisienne.

— Je m'y attendais !

— Elle n'a jamais voulu me donner son adresse de peur que je la communique à notre père. Je peux lui écrire, mais toujours en « poste restante », au bureau de la rue d'Amsterdam à Paris.

— Donc, elle doit habiter le neuvième arrondissement ? À moins qu'elle y travaille ? Tu n'as jamais essayé de la suivre ?

— Non !

— Je connais très bien ce bureau de poste, il se trouve dans la gare Saint-Lazare. Il y a plusieurs cafés et petits hôtels aux alentours. Ils sont effectivement fréquentés par les prostituées qui travaillent dans la rue de Budapest, notamment.

— J'ai bien pensé à la surveiller, mais j'ai eu peur de ses réactions si elle me découvrait.

— Que pourrait-elle te faire ? Elle ne te tuerait pas tout de même.

— Ne crois pas cela.

— Tu veux dire qu'elle t'a déjà battue ou maltraitée ?

— Plus d'une fois.

— Des petites querelles comme cela se passe entre frères et sœurs, mais de là en faire un monstre. Si elle est ta jumelle, elle doit avoir le même gabarit que toi, comment peut-elle te faire peur à ce point ?

— On voit que tu ne la connais pas. Estelle est méchante dans l'âme. Vraiment méchante. Elle ne pense qu'au mal, à détruire les autres et à se détruire elle-même, de toutes les façons possibles.

— Si c'est ainsi, pourquoi restes-tu en contact avec elle ?

— Je te l'ai dit, c'est elle qui m'appelle.

— Mais toi, tu lui écris. Pourquoi ?

— Non, je ne lui écris pas vraiment.

— Mais enfin, tu viens de dire que tu lui envoyais du courrier à Paris. En poste restante ?

— Je ne fais que lui envoyer de l'argent.

— De l'argent ? Tu encaisses des loyers pour elle ?

— Pas du tout. Je lui envoie de l'argent parce qu'elle m'en demande.

— Mais, tu m'as dit qu'elle était prostituée. Dans ce cas elle devrait bien gagner sa vie. Surtout si elle est aussi belle que toi. De plus, elle a dû hériter comme toi d'une bonne somme.

— Je n'en sais rien. Peut-être s'est-elle fait voler tout ce qu'elle avait ? Peut-être qu'un proxénète lui prend tout ce qu'elle gagne ? Peut-être a-t-elle des problèmes de drogue. En tout cas, chaque fois qu'elle m'appelle, c'est pour me demander de lui envoyer de l'argent. Et elle ne manque jamais de m'injurier ou de me raconter des histoires scabreuses.

— Comment cela ?

— Ce qu'elle fait avec ses clients. Elle aime cela et elle me presse de la rejoindre pour faire comme elle.

— Cela me paraît totalement invraisemblable. Comment peut-elle te demander de te prostituer si cela ne lui rapporte pas de quoi vivre ?

— C'est pourtant la vérité. Elle me dit que je suis faite pour la prostitution Que je suis une… petite salope, comme elle.

— Est-ce que ton père est au courant ?

Corinne pâlit.

— Je ne veux surtout pas que tu ennuies mon père avec cette histoire.

— Je dois savoir si tout cela est vrai. Je suis persuadé que tu essaies de me mener en bateau. Je vais aller le voir dès demain.

L'expression de Corinne changea brusquement. Elle bondit sur ses pieds.

— Je t'interdis d'aller voir mon père, criait-elle.

Elle se leva et marcha nerveusement dans la pièce.

— Comprends-moi ! Malgré les apparences, il est cardiaque et cela pourrait lui être fatal. C'est à cause d'Estelle qu'il a dû quitter Montpellier pour s'installer à Mèze.

— Elle devait être encore très jeune à cette époque. N'est-ce pas ?

— Cela ne l'empêchait pas de faire déjà toutes les bêtises possibles.

— Bien sûr. Comme de te forcer à aller « dormir » avec Serge ?

— C'est la vérité ! Tu m'ennuies à la fin !

Elle ne perdait pas sa grâce, même dans la colère extrême. Car il la sentait positivement hors d'elle. Quelle raison obscure avait-elle pour raconter de telles histoires ? Thomas commençait à se ressaisir.

Après tout, que lui importait ce qui avait pu se passer avant sa rencontre avec Corinne ? N'avait-elle pas été parfaite jusqu'à présent ? Mieux que parfaite, la plus adorable des filles. Elle lui avait redonné le goût de vivre et plongé dans un état qui ressemblait beaucoup à l'idée qu'il s'était toujours fait du bonheur. De quel droit pouvait-il exiger d'elle une virginité totale, du corps et de l'esprit ? Elle lui apportait à la fois l'utile et l'agréable et c'était la seule chose qui devait compter pour lui. L'existence avec Corinne était particulièrement douce, bien plus qu'il n'avait osé espérer.

— D'accord Chérie ! Arrêtons là cette discussion ! dit-il.

Jusqu'à présent, ce qui s'était passé était préoccupant, mais ne mettait pas en péril leur sentiment. Quel mal y avait-il qu'une jeune femme puisse avoir des fantasmes ? Bien que ceux de Corinne lui parussent plutôt complexes ? Tant que cela n'altérait pas sa santé et si elle demeurait cette compagne délicieuse qu'elle était depuis le premier jour. Thomas la prit dans ses bras. Elle avait retrouvé la sérénité et semblait reconnaissante qu'il n'ait pas insisté.

VIII
Grain de folie

Assise devant sa coiffeuse, Corinne se brossait tranquillement les cheveux. Elle avait retrouvé son calme. Elle regarda dans le miroir Thomas qui était allongé sur le lit.

— Tu dois me prendre pour une folle ? dit-elle en souriant.

— Pas du tout, mais j'avoue que ces histoires me déconcertent quelque peu.

Elle prit un air navré.

— Je te comprends, mais ce ne sont pas des histoires.

— Je suis tout prêt à te croire, mais il y a malgré tout quelques points à éclaircir.

— Lesquelles ?

— Par exemple, quand as-tu écrit à Estelle pour la dernière fois ?

Elle se retourna. Elle paraissait soulagée.

— Tu me crois vraiment ? demanda-t-elle.

— Oui, mais nous devons tout vérifier. Nous ne pouvons pas laisser ta sœur dans les problèmes.

Elle se jeta dans les bras de Thomas et l'embrassa.

— Tu me crois alors ?

— Procédons par ordre, tu veux bien ?

— Mais comment allons-nous faire ? Je n'ai aucune adresse.

— Je connais très bien le bureau de poste de la rue d'Amsterdam, il est dans l'enceinte de la gare Saint-Lazare.

— Je ne connais pas du tout.

— Nous pouvons essayer de trouver sa trace par la poste.

— C'est vrai. J'avoue que je n'y ai jamais pensé. Je lui ai posté de l'argent avant-hier.

Thomas bondit du lit.

— Avant-hier ? Tu veux dire que tu as reçu un appel ces jours-ci ?

— Effectivement.

— J'étais dans la maison ?

Thomas était abasourdi. Comment pouvait-elle penser qu'il n'oserait pas vérifier ?

— Je ne sais plus.

— Il y a des chances qu'elle ne soit pas encore passée chercher son courrier… Tu veux bien que je le vérifie ?

— Oui, bien sûr.

— C'est donc bien vrai que tu as une sœur ?

— Puisque je te le dis.

— Et tu veux vraiment que j'appelle la poste à Paris ?

— Je te le demande. Toute seule, je n'aurais jamais osé le faire, mais avec toi, je me sens assez forte pour affronter Estelle. Alors, fais-le !

— Attends, je vais chercher le numéro du bureau de poste sur le Minitel.

* * *

Thomas prit le téléphone et le posa sur le lit. Ils étaient assis en tailleur l'un en face de l'autre. Thomas attendit un instant. Il se tourna vers Corinne.

— Je dois t'avouer que je ne te croyais pas du tout. Je te demande de pardonner mon manque de confiance.

— Ouais ! dit-elle en souriant.

Il décrocha le combiné et composa le numéro…

— Reconnais que l'histoire que tu me racontes est plutôt étonnante ?

Elle allait ouvrir la bouche, mais il lui fit de la main signe de se taire.

— Allô ! Bonjour Madame. Pouvez-vous me passer le receveur ?

Il appuya sur la touche haut-parleur.

— De la part de qui ?

— De la part de Thomas Marquet.

— Veuillez ne pas quitter, s'il vous plaît.

Thomas observait Corinne sans en avoir l'air. Elle ne manifestait aucune inquiétude. Il se tourna vers elle.

— Je continue ?

Elle n'eut pas le temps de répondre, le receveur était en ligne.

— Allô ! Bonjour Monsieur. Excusez-moi de vous déranger, mais je vous appelle de loin, de Montpellier très exactement, pour un problème délicat et urgent. Si ce n'était pas grave, je ne me le serais pas permis.

— Quel est votre problème ?

— Voilà ! Ma compagne, madame Delcroix, a adressé du courrier destiné à sa sœur, Estelle Chauvin, en poste restante à votre agence, et ce, à plusieurs reprises. Le dernier envoi date d'avant-hier. Mademoiselle Chauvin ne fait que de brefs passages en France et, pour des raisons de famille que je ne peux vous expliquer, les deux sœurs ne se voient plus. Or, nous devons la joindre de toute urgence pour de graves problèmes qui concernent son père et nous n'avons aucune autre adresse que votre bureau.

— Je ne vois pas ce que je pourrais faire.

— Nous voudrions seulement lui laisser un message.

— Envoyez-lui un télégramme.

— C'est ce que nous avions l'intention de faire, mais sa sœur lui a adressé une dernière lettre avant-hier et nous voudrions savoir si elle est déjà passée la prendre, car dans ce cas elle risque de ne pas revenir de sitôt. Je dois préciser qu'elle ne passe chez vous que lorsqu'elle est avertie par téléphone qu'une lettre l'attend.

— Ce que vous me demandez est plutôt inhabituel, mais je vais essayer de vous aider. Cependant, c'est moi qui vous rappellerai. Donnez-moi votre nom et votre numéro de téléphone.

Thomas indiqua les coordonnées de Corinne.

* * *

Assis dans le salon, Thomas et Corinne bavardaient tranquillement quand la sonnerie du téléphone résonna. Corinne décrocha précipitamment. Elle fit un signe de la main vers Thomas.

— C'est la poste, dit-elle à voix basse, puis plus haut : allô ! Oui ! C'est moi.

Elle écoutait attentivement et, au fur et à mesure, son attitude changeait. Elle raccrocha et se tourna vers Thomas.

— Je n'y comprends rien, il dit qu'il y a un problème et que le conducteur de travaux doit me rappeler après certaines vérifications.

Ils durent attendre trente minutes qui parurent interminables. Enfin la sonnerie du téléphone résonna de nouveau. Bien qu'ils s'y attendissent, ils sursautèrent tous les deux. C'est Thomas qui répondit.

— Oui ! J'écoute.

Il appuya sur la touche du haut-parleur.

— Bonjour Monsieur. Je suis Jacques Maigret, conducteur des travaux du bureau de poste de la rue d'Amsterdam à Paris. Monsieur le Receveur m'a chargé de vous contacter. Tout d'abord, pouvez-vous me rappeler votre nom ?

— Thomas Marquet.

— Le nom de votre femme plutôt.

— Nous vivons ensemble, mais nous ne sommes pas mariés. Elle s'appelle Corinne Delcroix, madame veuve Delcroix. Son nom de jeune fille est Chauvin. Pourquoi toutes ses précisions ? Il y a un problème ?

— Je ne peux rien vous dire pour le moment. Madame Delcroix peut-elle passer à l'agence ?

— Est-ce indispensable ? Comme je l'ai dit au receveur, nous habitons à Montpellier. Vous comprenez ?

— Je vois avec mon responsable et je vous rappelle dans un instant. Vous serez toujours là ?

De toute évidence, l'homme qu'il avait eu en ligne, même sans l'avoir confirmé expressément, ne semblait pas avoir mis en doute l'existence d'une correspondance adressée à Estelle. Toutes ces précautions pouvaient facilement s'expliquer par les habituelles tracasseries de l'administration.

— Que veut-il encore ?

— Ne t'en fais pas. Les fonctionnaires ont la réputation de tout compliquer. Ce qui est sûr, c'est qu'ils ont bien ta lettre.

— Penses-tu qu'ils puissent avoir l'adresse d'Estelle ?

— Je sais qu'ils notent les coordonnées de la pièce d'identité qui leur est présentée. Peut-être pourraient-ils faire quelque chose avec ces renseignements, à condition que la carte soit récente et qu'elle n'ait pas déménagé entre-temps.

— Comment cela ?

— La carte d'identité est valable dix ans, Estelle peut donc avoir une vieille carte avec une ancienne adresse, peut-être celle de ton père, compte tenu de son âge. Par contre, si elle a été refaite récemment, elle peut comporter son adresse actuelle. Dans tous les cas la Poste aura au moins celle de la préfecture où elle a été établie.

Thomas commençait à se détendre. Finalement, le manque de confiance qu'il lui avait témoigné à cette occasion allait peut-être contribuer à lever un malentendu et à réconcilier les deux sœurs. Estelle était-elle vraiment prostituée comme elle l'affirmait ? Peut-être vivait-elle avec un marginal ou un artiste, et qu'elle ne souhaitait pas donner d'explications à sa famille. Peut-être n'était-elle qu'une simple employée de bureau, serveuse dans un bar ou chômeuse et qu'elle ne tenait pas à se présenter devant sa famille dans une situation d'échec. Corinne souriait tranquillement. Il la prit dans ses bras et lui donna un long baiser. Toute la tendresse qu'il ressentait pour elle était intacte.

— Je suis si heureuse, dit Corinne. Est-ce que tu le sens ?

— Je suis heureux, moi aussi.

— Je suis enfin libérée d'une angoisse qui me rongeait depuis des années. Je ne comprends pas pourquoi je n'ai pas pensé moi-même à téléphoner aux PTT.

— Ne t'en fais pas. Tout est terminé maintenant.

Cependant, ils restaient là, à attendre la sonnerie du téléphone. Corinne s'allongea sur le canapé et parut s'assoupir.

À dix-neuf heures, la Poste n'avait toujours pas rappelé et il devint évident qu'elle ne le ferait pas ce jour-là, pas plus d'ailleurs que le lendemain, jeudi de l'Ascension, jour férié. La journée se termina douce et tranquille. À mesure que le temps passait, l'atmosphère se détendait encore. Ils passèrent la journée de jeudi calfeutrés dans leur nid, heureux d'être ensemble. Ils décidèrent que dès que les choses seraient rentrées dans l'ordre, ils iraient s'installer en Angleterre pour six mois, le temps pour Thomas d'écrire le premier jet d'un roman dont il avait rédigé le synopsis. Corinne, ravie de ce projet, s'occupait de l'intendance. Elle chercha au Minitel les adresses qui pourraient leur être utiles, fit une liste de tout qu'il leur faudrait emporter et de toutes les démarches à effectuer. Ils convinrent que Corinne se chargerait aussi de taper chaque jour sur un ordinateur les pages écrites à la main par Thomas. Ils feraient l'acquisition d'un ordinateur portable dès le lendemain.

Corinne passa la matinée du vendredi à écrire à différentes agences immobilières de Londres. À midi, ils se préparaient à déjeuner lorsque la sonnerie du téléphone retentit. Corinne sursauta, elle saisit le combiné et appuya sur la touche haut-parleur.

— Allô ! Allô ! Je suis Monsieur Nogent, le receveur de l'agence des PTT de la rue d'Amsterdam, à Paris. Pourrais-je parler à Madame Delcroix, s'il vous plaît ?

Elle hésita un instant, comme si elle ne comprenait pas ce que disait son interlocuteur.

— C'est moi-même, finit-elle par balbutier.

— Nous avons reçu un appel de monsieur Marquet au sujet de correspondances que vous avez adressées en « poste restante ». Êtes-vous au courant de cet appel ?

— Bien sûr ! Monsieur Marquet est d'ailleurs près de moi. Il a appelé de ma part. Mais… je ne comprends toutes ces précautions. Auriez-vous un problème avec ma sœur ?

— Pas avec votre sœur, mais plutôt avec vous, avec vos correspondances.

— Je ne comprends pas…

— Votre sœur n'est jamais venue les chercher. Quelques-unes, en tout cas, car cinq sont encore en notre possession. En fait, c'était devenu l'énigme de notre agence.

Corinne était devenue blême. Thomas prit le combiné.

— Allô ! Je suis Thomas Marquet. Je reprends la communication. Vous voulez dire que vous avez plusieurs lettres de madame Delcroix ?

— Pas exactement. Nous avons plusieurs correspondances destinées à mademoiselle Estelle Chauvin, qui n'ont pas été réclamées. Comme aucune ne comportait de nom ou d'adresse d'expéditeur, nous les avons envoyées à notre Centre de Recherche du Courrier à Libourne qui est le seul habilité à ouvrir le courrier qui n'a pu être distribué. Les envois qui ne comportent aucun indice, comme c'est le cas des lettres de madame Delcroix, sont enregistrés dans un ordinateur et classés en attendant que l'expéditeur ou le destinataire se manifeste. C'est ainsi que nous avons constaté que ces lettres, qui étaient effectivement toutes postées de Montpellier, ne contenaient que de l'argent, sans lettre d'accompagnement.

— Et le dernier envoi ?

— En ce qui concerne la dernière correspondance qui a été expédiée lundi dernier, elle est toujours dans notre agence.

— Madame Delcroix pourra-t-elle la récupérer ?

— Peut-elle passer à notre bureau ?

— Si c'est nécessaire, oui. Mais pas dans l'immédiat.

— En attendant, il lui faudra nous faire parvenir une autre lettre afin que la police puisse comparer les écritures. Ce n'est qu'une formalité, bien entendu.

— La police ? Mais pourquoi ?

— Je vous l'ai dit, ce n'est qu'une simple formalité. Je crois vraiment que c'est madame Delcroix qui a envoyé ces lettres, mais comme il s'agit de sommes assez importantes, nous ne pouvions pas exclure la complicité d'un membre de nos services ou une simple fuite. Nous avons dû prévenir les autorités. Pouvez-vous me repasser madame Delcroix ?

Corinne prit le combiné.

— Oui…

— Je comprends très bien que vous ne puissiez contacter votre sœur, mais nous pourrions le faire avec toute la discrétion qui s'impose. Quelle est son adresse ?

— Je ne la connais pas.

— Comment cela ? Vous ne savez pas où habite votre sœur ? Elle vit à l'étranger ?

— Je ne sais vraiment pas. C'est une histoire de famille plutôt compliquée. Elle est brouillée avec toute la famille depuis des années, mais elle m'appelait depuis quelque temps pour me demander de l'argent, mais elle ne m'a jamais donné son adresse. C'est elle qui m'a indiqué l'agence de la rue d'Amsterdam à Paris. Elle m'a seulement laissé entendre qu'elle voyageait beaucoup.

— Vous ne savez même pas si elle a un point de chute à Paris ?

— Non ! Elle m'a seulement dit qu'elle passait par-là périodiquement.

— Écoutez ! Nous allons essayer d'arranger les choses pour le mieux, mais il vous faudra probablement venir à Paris, à moins que nous puissions confier le dossier au bureau de Montpellier. Nous vous tiendrons au courant.

— Ce serait parfait ! J'ai plusieurs comptes à la Poste à Montpellier. Cela ne devrait pas poser de problème. Faites pour le mieux.

Corinne raccrocha.

Ils restèrent un long moment silencieux. Thomas fut le premier à parler.

— Nous en sommes revenus au même point, dit-il. Le mystère s'épaissit. Je ne sais plus que penser.

Il regardait Corinne comme s'il cherchait à lire en elle les réponses à toutes les questions qui se bousculaient dans sa tête. Elle paraissait avoir rétréci subitement et être redevenue presque physiquement une petite fille.

— Pourquoi Estelle ne va pas chercher l'argent qu'elle te demande ?

— Je ne comprends pas… En tout cas, tu as pu constater que je ne t'avais pas menti ?

Sa voix était plus fluette, plus incertaine.

— Je le reconnais volontiers. Pardonne-moi d'avoir douté de toi.

Elle se blottit dans ses bras.

— Je t'aime,

— Moi aussi je t'aime. J'ai pour toi une immense affection, mais cela n'empêche pas que je me pose des questions. Comment expliques-tu que ta sœur ne soit pas allée chercher de l'argent qu'elle te réclamait ? Tu dois bien la connaître, après tout, puisque tu es sa jumelle. Tu dois pouvoir comprendre ses motivations, sa manière de penser ?

Corinne réfléchissait.

— Je n'y comprends vraiment rien. Je croyais, jusqu'à aujourd'hui, qu'elle allait chercher son courrier, sinon tu penses bien que je n'aurais pas continué à envoyer tout cet argent. De plus, elle me disait toujours que c'était urgent. La dernière fois encore…

— Je ne vois pas d'explication. Est-ce que cela te paraît cadrer avec son caractère ?

— Elle est capable de tout, comme je te l'ai déjà dit.

Thomas regarda sa montre.

— Allons manger ! Je t'invite au restaurant.

— Chouette ! Je m'habille.

Elle s'apprêta à sortir de la pièce.

— Ah non !

— Quoi ?

— Avec toute cette histoire, j'ai oublié que nous étions invités à dîner chez un ami.

— Quand ?

— Ce soir.

— Je ne savais pas que tu avais des amis dans la région, à part les Vidal. Tu ne m'en as jamais parlé. Comment s'appelle-t-il ?

— Gunther Muller. Je ne savais pas moi-même qu'il habitait Montpellier. Je l'ai rencontré hier dans la rue de la Loge.

— Vous êtes de bons amis ?

— Il faut dire que s'il existe une véritable amitié entre nous, nous ne pouvons nous rejoindre effectivement parce que nous avons des conceptions de la vie très différentes. Moi, je cherche des réponses aux problèmes qui tracassent les hommes, tandis que lui, pose des questions, beaucoup de questions, persuadé par avance qu'il n'y a aucune réponse.

— Comment cela ?

— C'est un poète. Il se qualifie lui-même de poète et rien d'autre, bien qu'il ait fait pas mal de choses dans sa vie. Je veux dire qu'il ne veut être que cela, poète. À juste titre d'ailleurs, puisqu'il écrit chaque jour de longs poèmes qui témoignent d'une inspiration féconde, d'une sensibilité à fleur de peau et d'un lyrisme puissant. Il a d'ailleurs eu plusieurs prix littéraires, toutefois, les thèmes qu'il affectionne me sont très éloignés. L'injustice, le chômage… ce genre de choses.

IX
Une soirée chez Gunther

Dans la voiture, Corinne se montra particulièrement gaie et charmante. Elle s'amusa même à exciter Thomas.

— Arrête ! Nous sommes déjà très en retard. Ne m'oblige pas à te sauter dessus.

— Chiche !

— Je t'ai dit, non ! Sois sérieuse pour une fois !

Corinne se mit à rire à gorge déployée. Thomas en fut tout attendri.

— J'aime te voir ainsi, dit-il.

— Et moi, je t'aime, tout court ! J'aime que tu sois là. J'aime te sentir près de moi. Avant de te connaître, je ne savais pas ce que voulait dire, être heureuse.

— Tiens, nous y sommes !

Thomas gara la voiture sur le parking d'un immeuble moderne et la prit dans ces bras.

— Tu sais ce que tu es ? demanda-t-il.

— Je suis un ange. Pas vrai ?

— Tu n'es qu'une effroyable flatteuse. Tu profites odieusement de ma faiblesse. Comment veux-tu que je te résiste après cela ?

* * *

C'était la première fois que Thomas rencontrait Lydia, la nouvelle femme de Gunther. C'était une jeune femme d'une trentaine d'années, alors que lui en avait cinquante-cinq et deux enfants plus âgés qu'elle. Charmante et cultivée, elle avait un diplôme universitaire en sociologie et avait publié des articles dans divers journaux. Lydia paraissait très amoureuse, discrète, mais très à l'aise.

Gunther avait bien fait les choses comme à son habitude. Il n'y avait dans la maison plus rien de l'ancien appartement de la région parisienne, à part cette recherche systématique du luxe raffiné et de l'exceptionnel que Thomas lui connaissait. Le repas fut somptueux et agréable. Gunther avait tout de suite adopté Corinne et lui expliquait ce qu'il faisait, comment il avait perdu sa place de directeur commercial de chez Ferrari. Il insista sur l'ambiance de l'avenue des Champs-Élysées qui lui manquait.

— J'ai préféré venir m'installer ici pour échapper à la proximité de mes enfants qui n'acceptaient pas très bien Lydia. Ils sont persuadés qu'elle n'est avec moi que pour mon argent, qu'ils se sont déjà partagé. Il faut dire qu'elle a le même âge que ma dernière fille, mais je l'aime et elle m'apporte tout ce dont j'ai besoin.

Thomas connaissait ce sentiment. Corinne lui avait tellement donné que le peu de jours qu'ils avaient vécus ensemble étaient plus importants pour lui que toute son existence passée.

— Comme tu le sais, Thomas, je suis resté en bon terme avec mon ex-femme, nous avons vécu ensemble durant vingt ans, mais cela n'a jamais collé entre nous. Le courant ne passait pas. Nous nous faisions du mal l'un à l'autre. C'était physique, je crois. Depuis notre divorce, tout va pour le mieux entre nous.

Gunther n'arrêtait pas de parler. À un moment donné Thomas remarqua qu'il observait Corinne avec insistance. Il n'avait néanmoins aucune inquiétude. Il savait Gunther parfaitement incapable d'essayer de séduire une autre femme que la sienne. C'était un homme à l'esprit chevaleresque et fidèle. Chez lui, c'était une question de principe. Lydia avait pratiquement fait son siège durant un an avant qu'il acceptât d'avoir des relations intimes avec elle, et encore, seulement après le mariage.

Au dessert, une superbe omelette norvégienne, Thomas était de plus en plus persuadé que Gunther cachait quelque chose.

* * *

Les deux hommes savouraient un vieux cognac que Gunther avait sorti de sa réserve. Comme il fallait s'y attendre, la bouteille avait une histoire qui devait garantir une qualité supérieure.

— Où en est ton roman ? demanda-t-il à Gunther pour y échapper.

— Justement, je voulais t'en parler, répondit celui-ci.

Se tournant vers Corinne.

— Vous permettez que je vous l'enlève un instant ?

— Bien sûr !

Corinne s'était montrée d'une gaieté tranquille durant toute la soirée. À présent, elle et Lydia papotaient comme des amies de toujours. Les deux jeunes femmes qui avaient environ le même âge s'entendaient parfaitement. Elles avaient déjà convenu de se revoir.

— Prends ton verre ! dit Thomas. Je prends la bouteille.

Ils se rendirent dans le bureau de Gunther.

Gunther remplit les deux verres et s'assit sur le coin de son bureau et regarda Thomas.

— Où est le manuscrit que tu voulais me montrer, dit Thomas en souriant ? Tu me parais bien mystérieux… Tu as un problème avec Lydia ?

— Pas du tout.

— Alors qu'est-ce qui te tracasse ?

Gunther réfléchissait.

— C'est avec toi que j'ai un problème.

— Avec moi ? Tu veux rire ?

— Oui, avec toi.

Gunther paraissait sérieusement ennuyé, comme quelqu'un qui devait se faire violence.

— Thomas, nous nous connaissons depuis assez longtemps. Nous sommes amis et, à ce titre, je me vois dans l'obligation de te dire quelque chose qui risque de te faire mal.

— Tu as l'air bien mystérieux. Qu'est-ce qui se passe ? Tu es malade ?

Gunther avait l'air gêné.

— Non, non. Écoute ! Je ne vais pas faire de mystère. Tu connais Corinne depuis longtemps ?

Thomas fut surpris.

— Un peu plus de deux mois, mais…

— Tu sais d'où elle vient ?

— Elle est d'ici. Elle est née à Montpellier même. Je connais son père.

Gunther le regardait sans rien dire.

— Accouche à la fin. Qu'est-ce qu'il y a ?

— Sais-tu qu'elle a été plus ou moins prostituée ?

Thomas blêmit malgré lui, puis se mit à rire.

— Ah ! C'est cela le problème ?

Il se mit à rire. Gunther le regardait en fronçant les sourcils.

— Tu le savais ?

— Je commence à comprendre les raisons de ton comportement de ce soir. En réalité, c'est sa sœur qui est prostituée, sa sœur jumelle, Estelle.

— Tu en es sûr ? dit Gunther, dubitatif.

— Bien entendu. Justement, nous essayons actuellement de retrouver Estelle. Et c'est vraiment drôle qu'on se rencontre maintenant. Cela nous intéresse de savoir où tu l'as vue.

Gunther se releva.

— Il y a quelques années, mais je crois que c'est bien Corinne que j'ai vue à Paris. Aussi ressemblantes que puissent être deux jumelles, je reste persuadé que c'est bien elle que j'ai vue.

— Mais…

— Elle n'a eu aucune réaction en me voyant, mais moi je l'ai bien reconnue.

— Si elle ne t'a jamais vu, son comportement est parfaitement normal.

— C'est elle, j'en suis sûr.

— Comment peux-tu être aussi affirmatif ?

— Tu vois, elle a une très fine cicatrice, une toute petite estafilade au-dessus de l'œil droit. Elle est à peine visible.

— C'est vrai.

— Tu as raison sur un point. À Paris elle se faisait bien appeler Estelle. Mais, c'est bien elle.

— Et tu l'as…

— Non ! Tu me connais. Elle n'était pas majeure à l'époque. Elle traînait dans le quartier où se trouvait le garage Ferrari, dont j'étais directeur.

— Moi, je reste persuadé qu'il s'agit de sa sœur. Elles sont jumelles.

— J'ai eu l'occasion de manger plusieurs fois très près d'elle dans un restaurant de l'avenue des Champs-Élysées.

— Je ne connais pas Estelle, mais certaines jumelles se ressemblent tellement que même leur mère ne peut les différencier.

— Pas au point de reproduire la même cicatrice.

— Pourquoi pas ? De plus tu n'as pas vu Estelle depuis plusieurs années…

— Quand je dis qu'elle traînait, elle ne faisait pas le trottoir, mais elle vivait, semble-t-il, avec un homme d'une trentaine d'années qu'elle appelait Serge. En réalité, je n'ai aucune idée sur son activité, mais le bruit courait qu'en payant, on pouvait passer un moment fabuleux avec elle. Personnellement, je n'ai pas essayé, ne serait-ce qu'à cause de sa jeunesse.

— Justement, elle a forcément changé depuis.

— Pas tellement, elle avait déjà cette taille.

X
Le début de la fin

Il était deux heures du matin lorsque Thomas et Corinne regagnèrent la voiture. La jeune femme n'avait perdu ni sa grâce ni la sérénité qu'elle avait manifestées toute la soirée. Le vin l'avait encore égayée. Elle se colla immédiatement contre lui.

— Le coin est plutôt tranquille, tu ne trouves pas ?

Thomas, les deux mains serrées sur le volant, ne disait rien. Il se sentait comme assommé par les confidences de Thomas. Quoi qu'il lui eût répondu, il sentait confusément qu'il devait y avoir quelque chose de vrai dans cette nouvelle.

— Cela ne te donne pas des idées ? Moi, je ne peux plus attendre. Je n'ai pensé qu'à cela toute la soirée.

Thomas se demandait comment pouvait-elle garder ainsi sa sérénité dans une situation pareille.

— C'est Thomas qui t'a inspirée ?

— Thomas ? Pourquoi ? Tu me suffis parfaitement. Regarde ! Tu me mets dans tous mes états.

En parlant, elle porta la main de Thomas entre ses cuisses. Il la dégagea vivement.

— Pourquoi n'as-tu pas dit que tu le connaissais ?

Il parlait lentement, l'air de rien. Corinne tourna vivement la tête vers lui, l'air sincèrement étonné.

— Thomas ? Mais c'est la première fois que je le voyais !

Elle paraissait fournir un effort de mémoire.

— Lui t'a reconnue tout de suite. Cependant, il dit que tu te faisais appeler Estelle. Il est absolument sûr que c'était toi. Il n'a pas pu inventer ce prénom.

— Mais tu sais bien que c'est le prénom de ma sœur jumelle. C'est elle qu'il a dû rencontrer… C'est sûrement cela.

Son regard restait limpide dans la pénombre.

— Mais non ! Il se souvient bien de cette petite cicatrice au-dessus de ton œil droit. Estelle ne peut quand même pas avoir la même ?

— Et pourquoi pas ? Je ne sais pas moi-même d'où elle vient. C'est peut-être une marque de naissance ? Estelle a peut-être la même ?

— Enfin Corinne… mais peut-être vaudrait-il mieux t'appeler Estelle… comment peux-tu dire cela ? Si ta sœur jumelle avait la même cicatrice que toi, tu l'aurais su forcément. Les gens qui vous connaissaient auraient inévitablement fait la remarque.

Thomas sentit le corps de Corinne se crisper progressivement contre lui. Comme si elle luttait contre un malaise.

— Trop d'éléments se recoupent. Je commence à croire qu'Estelle et toi n'êtes qu'une seule et même personne. Mais, dans ce cas, pourquoi as-tu poussé la comédie jusqu'à envoyer de l'argent à Paris ?

— Je te jure qu'Estelle existe bien.

Il poursuivait sa réflexion.

— Ce qui est certain, c'est que tu ne l'as pas fait pour me tromper, moi, puisque tu avais commencé bien avant de me connaître. Alors, pourquoi ?

— Je t'assure qu'Estelle m'a appelée pour me demander cet argent. Il faut que tu me croies.

— Je ne sais pas pourquoi, mais je t'assure que je te crois. Cependant, il y a certainement une énigme que nous devrons résoudre. Dès demain j'irai voir ton père.

— Ne fais pas cela.

C'était presque une supplique.

— Il faut que je sache à quoi m'en tenir vraiment.

Corinne réfléchissait.

— Mais, si Thomas a vraiment rencontré Estelle, cela ne peut être que dans le quartier où elle habite encore aujourd'hui. Peut-être même sait-il où elle habite ?

— Il l'a vue dans un restaurant des Champs Élysées, elle pouvait habiter n'importe où, même en banlieue.

Thomas démarra lentement. Un silence lourd s'installa entre eux et il persista même après qu'ils furent rentrés. Thomas épiait discrètement Corinne qui s'attarda plus longtemps que d'habitude dans la salle de bains. Seul, dans la chambre, il sentait monter en lui une angoisse inexplicable. Il guettait les bruits légers que faisait la jeune femme. Le plus souvent elle dormait nue, cette nuit-là, elle ressortit vêtue d'un pyjama de soie qu'il n'avait jamais vu, bien que la température fût très douce. Elle se coucha toujours sans rien dire. Elle s'installa sur le côté, tournant le dos à Thomas et parut s'endormir rapidement. Son souffle devint presque imperceptible.

Malgré tous ses efforts pour les repousser, les images se bousculaient dans l'esprit de Thomas. La pendule indiqua deux heures, puis trois… Il n'en voulait pas à Corinne, au contraire. Il devenait de plus en plus évident qu'elle avait un problème grave. Il aurait pu, s'il l'avait voulu, se lever et quitter cette maison définitivement. Il en avait le droit, mais pas la moindre envie. Malgré la nouveauté relative de leur relation, même s'il ressentait envers Corinne un curieux sentiment de devoir, une responsabilité, c'était surtout l'attachement, l'amour, qui dictaient sa conduite. Le bonheur qu'elle lui avait offert durant ces quelques jours avait suffi pour donner un sens à son existence.

Il dut s'assoupir un instant, car il fut réveillé par des gémissements. Corinne bougeait dans son sommeil, se tournant et se retournant sans cesse. Elle semblait parler à quelqu'un, murmurant des mots incompréhensibles. Thomas la prit dans ces bras, épousant son corps en chien de fusil. Elle se mit à pleurer.

— Calme-toi ma chérie. Calme-toi, dit-il.

Corinne pleurait de plus belle. Malgré cela, Thomas sentit un désir irrépressible monter de ses reins. Son sexe se tendit et il ne put s'empêcher de se frotter contre les fesses de la jeune femme. La tension de la soirée semblait être concentrée dans son corps et, presque immédiatement, il fut secoué par un violent orgasme. Une sensation intense qui lui sembla durer une éternité. Corinne écarta ses cuisses et sa main vint saisir sa chair toujours tendue pour l'enfouir dans son intimité déjà humide. Au bout de deux ou trois minutes à peine, ils jouirent tous les deux. Il fut heureux de constater que le désir qu'ils avaient l'un de l'autre était toujours aussi vif. Il suffisait qu'ils se touchent à quelque moment de la nuit ou du jour pour qu'ils soient, lui, immédiatement en érection, et elle, lubrifiée. C'était au point que lorsqu'ils étaient à l'extérieur, elle avait souvent la culotte trempée et il devait regarder discrètement si cela ne se voyait pas sur sa robe ou sur son pantalon. Elle en était venue à porter des culottes imperméables ou des protège-slips. Quand ils étaient à la maison, tranquilles et libres, ils pouvaient faire l'amour plus de dix fois en vingt-quatre heures, n'importe où et n'importe comment. Des rapports brefs, mais d'une intensité qui ne baissait jamais. Ils ne semblaient avoir d'autre limite que les occupations extérieures. Et il ne s'agissait pas pour elle d'un plaisir simulé, elle en redemandait sans cesse. Thomas n'avait jamais connu cela auparavant.

Corinne parut se rendormir collée contre Thomas. Son corps était parcouru par de légers soubresauts. Il n'avait pas l'impression d'avoir dormi ni de dormir encore. Il devait être dans un demi-sommeil quand une voix enfantine le tira de la torpeur dans laquelle il avait l'impression de nager.

— C'est toi, je le sais, disait la voix cristalline.

— Quoi moi ? Qu'est-ce que j'ai fait ? demanda Thomas.

— C'est toi qui as tué maman.

Thomas fit la lumière. Corinne, assise sur le lit, avait les yeux ouverts, légèrement écarquillés. Elle semblait suivre une scène invisible pour Thomas ou plutôt d'y participer. Elle s'adressait à quelqu'un qu'il ne voyait pas. Elle se leva et se mit à courir dans la chambre bousculant les meubles comme si elle cherchait une porte qui aurait dû se trouver près de la coiffeuse. Thomas n'osait pas la retenir ni la toucher. Il se contentait de la suivre ou de s'interposer lorsqu'elle risquait de se blesser. Corinne s'immobilisa soudain et s'écroula sur elle-même, comme une poupée de chiffon. Thomas n'eut que le temps de la retenir, mais elle semblait devenue si lourde soudain qu'elle l'entraîna dans sa chute. Thomas la prit dans ses bras et l'allongea sur le lit et appela un médecin qui habitait dans la même rue.

* * *

Le docteur Leblanc en bras de chemise, le stéthoscope autour du cou fit une injection à Corinne après l'avoir minutieusement examinée.

— Elle va probablement dormir toute la matinée.

Il chercha une chaise pour s'asseoir, posa sa mallette sur ses cuisses pour rédiger une ordonnance qu'il remit à Thomas.

— Je lui ai prescrit un calmant, mais elle ne doit le prendre que deux jours maximum. Je vais vous donner une lettre pour le docteur Boutet, qu'elle devra voir dès demain.

— Qu'a-t-elle exactement ?

— Je n'en sais vraiment rien. On dirait qu'elle est dans un état second. Dans un sommeil hypnotique. Pourtant, il ne semble pas qu'elle fasse usage de stupéfiants. N'est-ce pas ?

— Ça, je peux vous l'assurer.

Le médecin fit un geste d'impuissance. Il écrivit une lettre adressée au docteur Boutet.

— Allez voir ce médecin de ma part. Je lui donnerai un coup de fil au début de la matinée. Surtout, allez-y dès demain. Son cabinet est dans le centre de Montpellier.

Il tendit l'enveloppe à Thomas qui lui paya sa visite.

— Je vous remercie d'être venu si vite, mais est-ce grave ? Vous paraissez inquiet.

— Probablement pas, néanmoins je préfère que madame Delcroix prenne certaines précautions.

Thomas le raccompagna vers la sortie et revint s'asseoir près de Corinne. Il posa ses mains sur les siennes.

— Tout est normal. Le médecin n'a rien trouvé de spécial. Demain, tu feras les examens qu'il t'a prescrits. Je suis certain qu'on ne trouvera rien.

— Quel médecin ? dit Corinne la voix pâteuse.

— Tu ne t'en souviens pas ?

— J'ai sommeil. Je suis fatiguée, si fatiguée…

Les mots venaient mourir sur ses lèvres.

— Ce n'est rien… Dors ma chérie, dors !

Elle ferma les yeux et s'endormit presque aussitôt. Thomas rapprocha un fauteuil du lit et s'y installa. Il resta assis près d'elle jusqu'au petit matin. Au moment où il se sentait sombrer dans une torpeur vertigineuse, une voix guillerette le fit sursauter.

— Dis donc, tu ne veux plus dormir avec moi ?

Corinne, parfaitement réveillée, s'assit sur ses genoux.

— Tu as dormi dans le fauteuil ?

— Je m'y suis assis un moment après le départ du médecin et j'ai dû m'assoupir.

— Quel médecin ?

— Tu ne t'en souviens vraiment pas ? Tu as eu un malaise cette nuit et j'ai appelé le médecin qui habite au vingt.

— Monsieur Leblanc ? Mais, c'est un pédiatre.

Corinne était étonnée, mais nullement effrayée.

— Bon en tout cas, il t'a bien examinée. De toute manière, tu n'es qu'un gros bébé.

— Hem… Et toi, tu es ma nounou.

— Il me serait difficile de prendre une grosse comme toi dans mes bras.

Elle bondit et s'installa à califourchon.

— C'est toi le gros ! Tu ne t'es pas regardé ?

Elle l'embrassa fougueusement.

— En tout cas, je suis en pleine forme. Tu me fais marcher avec cette histoire de médecin ?

— Non je t'assure. Regarde ! Sa prescription est sur la table. Il a même écrit une lettre pour que tu consultes un de ses confrères, le docteur Boutet.

* * *

Les événements de la nuit ne semblaient avoir laissé aucune trace sur Corinne. Elle mangeait avec appétit le petit-déjeuner qu'ils prenaient dans la grande salle du Grand Café des Trois Grâces.

— Qu'est-ce qu'il t'a dit ?

Le docteur Boutet était un neuropsychiatre. Corinne avait tenu à ce que Thomas entre avec elle, mais il s'était contenté de décrire ce qui s'était passé durant la nuit, puis était allé l'attendre au café.

— Il m'a examinée et très longuement interrogée, mais il ne m'a rien dit de spécial. Il trouve que ma tension artérielle est anormalement haute sans raison apparente, mais à part cela tout est parfait.

— Quel est son diagnostic ?

— Aucun.

— Il ne t'a donné aucun médicament ?

— Non, aucun. Il m'a seulement conseillé de faire de la relaxation ou du yoga. Il m'a quand même prescrit plusieurs examens.

— Même pas un calmant ?

— Rien. Cependant, il y a quelque chose de bizarre. Tu me dis que j'ai été malade durant la nuit, pourquoi je ne me souviens de rien ?

— Ne t'en fais pas. Il s'agissait peut-être d'un peu de fatigue. Tu es sûrement plus affectée qu'il ne paraît par l'histoire d'Estelle. Cependant, je tiens à ce que tu fasses les examens au plus tôt.

— Ah non ! Cela ne servirait à rien.

— On ne sait jamais. C'est plus prudent.

XI
Réminiscence

La journée s'était déroulée tout à fait normalement. Corinne avait retrouvé son comportement habituel, charmante et gaie. Ils avaient fait l'amour deux fois dans l'après-midi, mais lorsqu'ils s'étaient couchés, ils avaient recommencé, avec plus d'ardeur que jamais. Corinne avait fini par s'endormir. Thomas n'ayant pas sommeil se releva et s'installa devant le téléviseur du salon, un plateau garni de victuailles diverses et de bière. Finalement, lorsqu'il cessait de se poser des questions, la vie était plutôt agréable. Après tout, à quoi cela lui servirait-il de savoir ce que Corinne avait pu faire avant lui ? Il était définitivement lié à elle. C'est ensemble qu'ils allaient s'engager dans l'avenir, la main dans la main et pour longtemps. Il décida que dès que son divorce serait prononcé, il l'épouserait. Et si elle le désirait, ils auraient un enfant. Trois mois auparavant, il ne se serait jamais cru capable d'envisager d'avoir un autre enfant. L'existence de Steeve avait été un boulet pour lui, probablement à cause de son impasse conjugale, mais il était persuadé d'avoir fait de son mieux et qu'il n'avait rien à se reprocher. Avec Corinne, il savait que rien n'était plus pareil. La vie avec elle n'était plus une contrainte, mais un état paradisiaque.

Thomas ne suivait aucune émission particulière, passant d'une chaîne à l'autre. Il se contentait d'être tout simplement heureux. Il avait avalé tout ce qu'il avait sur le plateau, mais la faim et la soif le tenaillaient encore. Il se rendit à la cuisine, prit une bouteille dans le réfrigérateur et commença à boire au goulot lorsqu'il entendit comme un frôlement derrière lui. Il s'arrêta de boire et tendit l'oreille, la bouteille à la bouche, le bras toujours relevé. Il n'entendit rien d'anormal. Il se remit à boire, mais de nouveau un frôlement se fit entendre. Il regarda à gauche et à droite sans bouger la tête, puis il se retourna lentement, les yeux agrandis d'étonnement. Corinne se tenait devant lui les deux mains levées crispées sur une paire de ciseaux. Elle avait l'air plus effrayé que menaçante, le visage barbouillé de larmes et de morve. Et elle tremblait de tout son corps.

— Méchant ! Méchant ! cria-t-elle. C'est toi qui l'as tuée.

Thomas ne bougea pas, il la regarda fixement.

— Corinne, c'est moi. C'est moi, Thomas.

— Tu l'as tuée ! continuait-elle en sanglotant. Tu l'as tuée !

Elle sanglotait, cependant elle ne bougeait pas les bras. Son corps se mit à trembler de plus belle, comme si elle fournissait un effort pour décrocher les ciseaux d'un support invisible.

— Réveille-toi, ma chérie. Corinne, réveille-toi ! répétait Thomas.

Il tendit doucement la main vers Corinne. Elle n'eut aucune réaction. Il saisit tranquillement ses poignets. Elle poussa un long soupir et regarda Thomas avec étonnement, puis elle leva les yeux vers ses mains encore levées. Elle parut surprise de voir les ciseaux. Elle regarda Thomas puis de nouveau les ciseaux. Elle les lâcha comme s'ils brûlaient. Elle recula vivement en se frottant les mains sur les cuisses. Thomas se rapprocha d'elle. Elle se jeta dans ses bras.

— Calme-toi chérie. C'est terminé !

Elle s'abandonna mollement dans ses bras.

— Viens !

Il la conduisit vers le salon et l'allongea sur un divan.

Elle but à petites gorgées un verre d'eau fraîche et les couleurs revinrent à ses joues. Elle regarda autour d'elle le regard vague.

— Où suis-je ? dit-elle sans paraître vraiment attendre une réponse.

— Nous sommes dans le salon.

Elle le regarda avec étonnement.

— Qui êtes-vous ?

Elle posait cette question sans aucune inquiétude dans la voix.

— Tu ne me reconnais pas ?

— Je devrais ?

— Je suis Thomas, voyons !

Elle ferma les yeux et sembla s'assoupir. Elle les rouvrit au bout d'une dizaine de minutes. Elle avait retrouvé son comportement naturel. Elle sourit en regardant Thomas.

— J'ai fait un rêve horrible, dit-elle.

— Raconte-moi.

— J'ai vu, dans mon rêve, un homme qui saisissait une femme par la tête.

— Pour l'embrasser ?

— Je ne sais pas, mais c'était plutôt brutal. J'avais très peur.

— Et alors ? Qu'a-t-il fait ensuite ?

— On dirait qu'elle était dans une sorte trou… C'est tout ce dont je me souviens… Pourtant, j'en suis toute retournée. Regarde ! J'en tremble encore.

— Il avait l'air de quoi ton bonhomme ?

— Je n'en sais rien. En réalité, c'est moi qui dis que c'est un homme, mais je ne voyais pas vraiment la personne. Ah ! Il me semble que cela se passait dans une salle de bains.

Elle réfléchit.

— Je ne sais pas pourquoi je suis persuadé qu'il s'agissait d'un homme. Je ne me rappelle que d'une silhouette.

— N'y pense plus ma chérie. Allons plutôt nous coucher !

— Attends… Qu'est-ce que je faisais avec les ciseaux ?

— Tu te souviens de cela ?

— C'est plutôt vague, je me revois en train de les prendre dans ma boîte à couture. J'avais très peur… J'étais complètement affolée et très en colère aussi.

— Le mieux est d'aller nous coucher. Nous reparlerons de tout cela tranquillement demain.

Il était midi lorsque Thomas se réveilla. Corinne dormait à poings fermés. Il se leva, s'habilla et sortit pour se rendre à un rendez-vous prévu de longue date. Lorsqu'il rentra ce soir-là, vers sept heures, Corinne était encore dans son lit.

— J'ai dormi jusqu'à quatre heures de l'après-midi, mais je me sens aussi fatiguée que si j'avais marché toute la journée.

Elle réfléchissait tout en parlant.

— Je n'y comprends rien. On dirait que ce que j'ai fait aujourd'hui appartient à une autre vie. Est-ce que tu crois à la réincarnation ?

— Qu'est-ce que tu racontes ?

— Est-ce que tu crois que l'on peut avoir déjà vécu dans le passé ? Avant l'existence actuelle.

— Je n'en sais rien. Pourquoi me poses-tu cette question ?

— Je me souviens maintenant d'avoir vécu des choses qui ne sont pas encore très claires.

— Tu veux dire que tu as des souvenirs d'une existence antérieure.

— Non ! Ce n'est pas cela. Il s'agit d'événements récents.

Elle était très concentrée, mais tranquille.

— Est-ce que tu sais pourquoi tu as voulu me poignarder avec les ciseaux ? demanda Thomas.

Corinne le regarda surprise.

— Qu'est-ce que tu racontes ? Ce n'est pas toi que j'ai essayé de tuer. Et puis, cela appartient justement à ces souvenirs d'une autre existence.

Elle réfléchit.

— Comment peux-tu être au courant, demanda-t-elle ?

— Tu ne te souviens vraiment pas d'avoir essayé de me tuer avec des ciseaux ?

Elle fixa ses mains.

— Moi ? Pas du tout. Pourquoi aurais-je voulu te tuer ?

— Je sais bien que tu ne m'aurais pas fait de mal, mais tu m'as quand même fait très peur.

Corinne se blottit dans les bras de Thomas.

— Je me demande si je ne suis pas folle. Je me souviens de tas de choses que j'avais oubliées jusqu'à maintenant. Des choses affreuses, qui me bouleversent…

— Cela concerne ton passé ? demanda Thomas.

— Surtout ma mère.

Elle réfléchissait.

— J'étais encore toute petite. Mon père était absent toute la journée pour son travail… En son absence, des hommes venaient à la maison certains jours.

— Des hommes ? Comment cela, des hommes ?

— Des amis de ma mère…

Elle se servit un verre d'eau de la carafe posée sur la table de nuit. Elle en prit un autre.

— Aussi loin que je me souvienne, j'ai toujours vu des hommes à la maison. Ce n'était pas toujours les mêmes. J'avais toujours ces « tontons » chez moi. C'est comme cela que je les appelais. Il y avait tonton Robert, tonton Paul, tonton Xavier…

— Tu veux dire que les frères de ta mère vivaient avec vous ?

— Non, il s'agissait de messieurs qui venaient la voir en l'absence de mon père. C'est ma mère qui me disait de les appeler « tonton ».

— Tu veux dire qu'elle se prostituait ?

— Je ne crois pas, mais c'était sexuel. Le sexe a toujours été présent dans ces réunions. Ma mère ne pensait qu'à cela. Tout se passait devant moi, si bien que je n'ai pas eu à apprendre quoi que ce soit dans ce domaine.

— Tu veux dire qu'elle avait des rapports avec ces hommes en ta présence ?

— Oui ! Elle ne s'est jamais gênée.

— Quel genre de femme était-elle ?

— C'était une belle femme, plantureuse, un peu enveloppée, mais très belle et très sexy. Elle s'habillait toujours avec des tenues très… impudiques, je dirais. Des déshabillés, des robes d'intérieur très courtes, des jupes fendues très haut, des minijupes, des corsages transparents et très décolletés, des dessous de dentelle, des vêtements qui laissaient souvent voir ses seins qui étaient très gros.

— Il y a beaucoup de femmes un peu allumeuses, cela ne signifie pas qu'elles ont des aventures. Dis-moi, est-ce qu'elle se comportait ainsi devant Estelle ?

— Je crois que… attends… Mais, de quelle Estelle parles-tu ?

— De ta sœur, voyons !

— Qu'est-ce que tu racontes ? Tu sais bien que je suis fille unique, voyons !

Une buée légère couvrit son visage.

— Mais, tu es en sueur ? Que se passe-t-il ?

— Rien. J'ai eu un peu chaud, c'est tout.

— Cela va mieux ? Tu veux bien continuer à parler de ton passé ?

Corinne fit oui de la tête.

— Pour le moment revenons-en à ta mère. Il est possible que cela ait un rapport avec tes problèmes actuels. Tu disais qu'elle était partie alors que tu étais encore toute petite. Sais-tu quel âge tu avais à l'époque de ces événements ?

— J'étais assez grande, je crois que cela a duré… Oui, j'avais au moins treize ans. J'allais au collège.

— Tu disais que ta mère faisait des choses devant toi…

— Chez elle, c'était purement sexuel. Par exemple, elle ne mettait pratiquement jamais de culotte, si ce n'était des petites choses en dentelles qui ne cachaient rien. Tout le monde le savait. Cela ne la gênait jamais de se montrer nue et de laisser voir son sexe. Même sur une plage ordinaire, elle enlevait très naturellement son maillot de bain pour s'essuyer longuement avant de se rhabiller.

— Oui, elle était plutôt exhibitionniste. C'est très courant. Qu'est-ce que ces messieurs faisaient chez vous ?

— Ils jouaient aux cartes, aux dominos ou à d'autres jeux de société.

— Rien de bien terrible, donc.

— Parfois, l’un d’entre d’eux emmenait ma mère dans la chambre et je l’entendais pousser des cris, des gémissements et des hurlements de plaisir.

— Qu’est-ce que cela te faisait ?

— Rien du tout. J’avais toujours connu cela.

— Tu ne les as donc jamais vus ?

— Oui, il arrivait à ma mère de se faire lécher le sexe sur le canapé ou qu’elle fasse une fellation à l’un des hommes. Je crois que c’est ce qu’elle aimait le mieux. Elle pouvait y passer des heures. Son jeu favori était d’entrer sous la table et de passer de l’un à l’autre.

— Elle faisait cela devant toi ?

— Elle l’aurait fait devant n’importe qui, je crois. Elle n’était jamais gênée devant personne. Elle l’a toujours fait, depuis que j’étais bébé, si bien que je ne me suis jamais posé de question.

— Tu veux dire que tu ne pensais pas que c’était mal ?

— Exactement ! Elle en parlait naturellement. Quand l’envie la prenait – et c’était très souvent –, elle disait tout simplement : « J’ai envie de me gratter » et elle glissait une main sous sa robe ou elle la relevait carrément et se masturbait devant n’importe qui. Cela pouvait être en regardant la télévision ; en voiture. Elle se masturbait tout le temps.

— Et ton père ? Que disait-il ?

— Rien. Il n’était jamais là lorsque les amis de ma mère venaient. D’ailleurs, il était rarement à la maison et quand il y était, à Montpellier comme à Mèze, il passait tout son temps à bricoler dans l’atelier installé à la cave ou à travailler dans son bureau. Il faisait ses affaires sans s’occuper de nous. Il travaillait beaucoup. Il a écrit plusieurs livres. Il donnait aussi des cours dans les écoles dentaires les plus réputées et faisait des conférences. C’est une « grosse tête » dans son domaine.

— Et toi, qu’en pensais-tu ?

— De quoi ?

— Du comportement de ta mère.

— Quand elle se masturbait ainsi devant moi, surtout quand j'étais petite, j'étais fascinée, car elle avait une vulve charnue avec une touffe de poils très fournie. À côté de la sienne, ma petite fente d'alors me paraissait insignifiante et j'étais impatiente de grandir et d'en avoir une aussi belle, moi aussi. Je pensais cela, mais curieusement, je ne ressentais pas alors l'envie de faire l'amour ni de me caresser.

— Tu n'étais pas toujours à la maison ? Il y avait l'école ?

— Je ne suis pas allée à l'école primaire. Ma mère me faisait travailler. Il faut dire qu'elle était agrégée de mathématiques et avait exercé comme professeur de maths, de physique et de chimie au lycée. Elle était très instruite, elle aussi. Elle pouvait me parler de n'importe quel sujet. De l'histoire comme du français. D'ailleurs, quand je suis entré an collège, en sixième, j'étais meilleure que la plupart de mes petites camarades.

— Si tu n'allais pas à l'école, tu étais donc pratiquement toujours là quand ces hommes venaient voir ta mère ?

— Pas tant que cela. Je vivais aussi ma vie de petite fille. Je travaillais ou je lisais dans la chambre, je faisais de la peinture ou du bricolage. J'avais mon propre téléviseur et je regardais toutes les émissions qui pouvaient intéresser les filles de mon âge. Les dessins animés, les feuilletons. Des émissions aussi enfantines que Casimir ou le Manège enchanté. Cependant, j'ai toujours été intéressée par ce que faisaient ma mère et ses amis. C'est de moi-même, et tout naturellement, que j'ai commencé à toucher le sexe d'un homme.

— Quel âge avais-tu ?

— Douze ou treize ans… Peut-être moins.

— C'était ton petit copain de l'époque ?

— Pas du tout. Je ne connaissais pas le garçon et je n'avais aucune attirance particulière pour lui.

Corinne semble réfléchir.

— J'étais à une boum chez une amie et à un certain moment je suis sortie dans le jardin avec le garçon avec lequel j'avais fait quelques danses. Il n'y a pas eu de flirt et il ne m'a rien demandé. Il s'est contenté de sortir son sexe et de poser ma main dessus. Sans réfléchir, je me suis accroupie et j'ai commencé à le sucer. Il a éjaculé dans ma bouche et a rangé son sexe. Cela m'a beaucoup plu. Nous ne nous sommes jamais revus. Je ne connais même pas son nom.

— Tu as connu d'autres garçons ?

— Comme toutes les jeunes filles, je suis sortie quelques fois avec des garçons. Tu sais, j'étais tout à fait normale, mais c'est avec mon mari, avec Jean-Jacques que j'ai eu de vraies relations sexuelles pour la première fois.

— Tu veux dire que tu n'as vraiment rien fait avant cela ?

— Non. Je te l'assure. Cependant, je ne pensais qu'à ça. Tout le temps. Une fois, j'étais à l'hôpital…

Elle parut réfléchir.

— À quoi penses-tu ?

— Je me demandais pourquoi j'étais à l'hôpital, mais bref, j'avais subi une opération. L'ablation des amygdales, je crois. Un aide-soignant était assis près de mon lit pour surveiller mon réveil. À un moment donné, il a pris ma main sans un mot et l'a refermée sur son sexe en érection. Il a amorcé un mouvement de va-et-vient et j'ai continué naturellement, il gémissait doucement et il a joui. Il a essuyé ma main trempée et refermé sa braguette toujours sans rien dire.

— En tout cas, tu vois bien que tu ne parles pas du tout d'Estelle.

— C'est bizarre.

— Plus que bizarre. C'est une véritable énigme.

Corinne se plongea un instant dans ses pensées.

— Attends ! Je me souviens d'Estelle, curieusement, comme si c'était moi.

— Je le savais. Estelle n'existe pas vraiment. Elle vivait dans ton ombre.

La jeune femme tourna vers lui un regard désapprobateur.

— Qu'est-ce tu racontes ? Mais bien sûr que j'existe, pauvre con !

Thomas regarda Corinne les yeux agrandis par la surprise.

— Qu'est-ce que tu dis ?

Ce fut au tour de Corinne de manifester de l'étonnement.

— Dis donc ? Vous pourriez écouter ce que je vous dis, dit-elle en colère.

Sa voix était plus haute que d'habitude.

— Nous… Je te disais qu'Estelle n'existait pas et toi, tu m'as répondu : « Bien sûr que j'existe ». Tu t'en souviens ?

— Bien sûr que je m'en souviens. Pauvre taré ! Vous me prenez pour une débile ?

Corinne s'arrêta de parler. Elle blêmit et ses yeux devinrent fixes, son corps s'immobilisa. Thomas toucha son bras. Il était souple, mais restait dans la position où il l'avait poussé. Il le tendit en avant, il demeura tendu, sans le moindre effort apparent. Thomas remit le bras dans une position normale et attendit quelques instants.

— J'ai l'impression qu'il s'est passé quelque chose. Attends, cela me revient. Cela s'est passé quand j'avais une quinzaine d'années…

Corinne avait retrouvé sa voix normale.

— Un soir, ma mère et moi nous étions seules à la maison. Mon père était parti le matin pour deux jours. Il devait intervenir dans un congrès de dentistes. J'étais dans mon lit et…

sa respiration se fit de plus en plus rapide.

— J'étouffe ! J'étouffe !

Et elle s'écroula.

* * *

— Tu as encore eu un malaise, mais c'est terminé.

Corinne respirait lentement. Elle ouvrit les yeux et regarda Thomas l'air indifférent, puis regarda autour d'elle, examinant chaque meuble, chaque bibelot.

— Qu'est-ce que je fais ici ?

— Qu'est-ce que tu dis ?

— Qui êtes-vous ?

— Tu ne me reconnais pas ?

— Je devrais ? Remarquez, vous n'êtes pas mal.

— Arrête de plaisanter Corinne.

— Corinne ? Nous sommes chez Corinne ?

Thomas réfléchissait rapidement. Manifestement, la personnalité Estelle avait pris momentanément le dessus. Il comprit le parti qu'il pouvait tirer d'une telle circonstance.

— Oui, oui ! Nous sommes bien chez Corinne.

— Et vous qui êtes-vous ?

— Thomas Marquet, l'ami de Corinne. Comment vous sentez-vous ?

— Bien ! Pourquoi ? Je devrais être mal ?

— Non, mais vous avez eu un malaise. Et Corinne, où est-elle ?

— Elle est à côté. Elle arrive.

Elle commença à se lever.

— Je ne veux pas voir cette gourde. Salut !

Son mouvement s'arrêta net. Son corps resta dans la position exacte dans laquelle il était, à demi redressé. Thomas la recoucha. Il dut poser lui-même sur le lit les bras de Corinne qui étaient restés dans la position dans laquelle ils étaient au moment où la jeune femme avait perdu conscience. Malgré une apparente rigidité, ses membres avaient gardé leur souplesse. Il y avait de fortes chances que la personnalité de Corinne ait repris sa prééminence sur son corps. Il savait qu'elle l'entendait.

— Tu es Corinne, Corinne Delcroix. Je t'aime et je suis près de toi. Repose-toi tranquillement et tu vas être en pleine forme. Détends-toi… Détends-toi…

Corinne dormit durant près de deux heures. Quand elle se réveilla, elle regarda autour d'elle.

— Estelle était ici. Tu l'as vue ?

— Tu sais ma Chérie, il est inutile d'essayer de continuer cette comédie.

Il était persuadé que Corinne croyait vraiment à l'existence d'Estelle, mais il voulait l'amener à s'interroger elle-même.

— Il ne s'agit pas d'une comédie. Elle m'a même raconté pourquoi elle était partie pour Paris. Je n'y comprends rien et je suis certaine que tu vas te croire tombé dans une famille de fous… Mais je crois que cela va nous séparer, à jamais. C'est vraiment terrible.

Elle se leva.

— Tu sais, je ne vois ce que tu pourrais dire de pire que ce que tu as révélé concernant ta mère. C'est déjà pas mal. Il s'est sûrement passé des événements dramatiques chez toi auxquels tu as été mêlée.

— Il y a pire pourtant. J'ai tué ma mère.

— Attends ! Je crois que nous ferions mieux de prendre un petit verre. Et toi ?

Thomas servit deux portos, tout en étant conscient que l'alcool pourrait provoquer des réactions inattendues.

— Jusqu'à présent tu m'as toujours dit que ta mère était partie alors que tu étais encore toute jeune. Les Vidal m'ont dit la même chose. Autrement dit, c'est ce que leur a dit ton père.

— C'est justement lui qui m'a dit que maman était partie, mais il mentait.

— Quand te l'a-t-il dit ?

— Après ma maladie.

— Quelle maladie ?

— Je n'en sais rien, à part le fait que j'ai été amnésique. J'ai oublié toute une période de ma vie.

— Quelle période ?

— Entre quinze et dix-huit ans. Mon père m'a dit que j'ai été très malade durant tout ce temps et que les médicaments neuroleptiques qui m'avaient été prescrits alors ont provoqué des troubles dans ma mémoire. À présent, je sais que c'est totalement faux.

— Comment peux-tu en être si sûre ?

— Estelle m'a tout raconté. Après le crime, elle est partie pour Paris avec moi.

— Quel âge aviez-vous ?

— Quinze ans.

— Et pourquoi aurais-tu tué ta mère ?

— Je n'en sais rien, mais puisqu'Estelle le dit c'est sûrement vrai.

— Et si c'était Estelle qui avait commis le crime ?

— Non, c'est moi ! C'est moi !

Elle s'effondra brusquement.

* * *

Le docteur Leblanc examina Corinne longuement. Il semblait dubitatif. Il demanda à voir le résultat des examens prescrits par le docteur Boutet.

— Je peux vous parler franchement ?

— Nous vous le demandons, au contraire.

— Sauf erreur, Madame Delcroix ne souffre d'aucune affection physiologique ni neurologique. Pas la moindre infection, ses examens sanguins sont parfaits. À mon avis, c'est purement psychologique.

— Je suis folle ?

— Je suis sûr que non. Par contre, il est possible que vous ayez refoulé un événement traumatisant qui cherche à revenir à la surface actuellement.

— Je ne me rappelle pas avoir vécu de périodes vraiment dramatiques…

— C'est justement là que se trouve le problème, on ne peut pas se souvenir d'un événement refoulé, par contre, il perturbe la vie quotidienne.

— Que peut-on faire ?

— Personne ne pourrait mieux vous aider que le docteur Boutet. C'est un excellent hypnotiseur. Il est le fils d'une guérisseuse très connue de Lodève. Une vieille femme étonnante qui n'est pas sortie de chez elle depuis des années, mais on vient la consulter de loin. Beaucoup pensent sincèrement qu'elle fait des miracles. Le docteur Boutet paraît un peu bizarre quelquefois, mais il est très compétent. Il ne s'est pas contenté des études universitaires, il est aussi un spécialiste mondialement respecté des sciences dites parallèles.

XII
Dernières tentatives

Le docteur Boutet les fit entrer sans un mot dans son cabinet dont le décor dépouillé les rassura après ce qu'ils avaient entendu à son sujet. Il ne donna aucune indication sur le déroulement de la séance. Thomas et Corinne s'attendaient à une mise en scène. Qu'il brûlât de l'encens ou allumât des bougies ou, au contraire, qu'il utilisât des appareils modernes et sophistiqués, mais il n'en fut rien.

Après avoir lu la lettre du docteur Leblanc, sans aucune cérémonie, le docteur Boutet vint se placer à droite de Corinne, debout légèrement en retrait, la main droite posée sur son front et la gauche plaquée sur le côté de son cou, le pouce sur la carotide. Il lui conseilla de se détendre… Corinne souriait, mais son sourire disparut subitement.

— Le temps s'arrête, dit le docteur Boutet.

Il attendit quelques instants.

— Vous allez écouter attentivement ma voix… Le monde s'efface pour vous… Il n'y a que ma voix qui compte… Tandis que vous écoutez ma voix, vous allez voir comme un voile devant les yeux… Vos paupières vont devenir lourdes… Vos paupières vont devenir pesantes… Lourdes, lourdes… Lourdes comme du plomb… Vos yeux vont se fermer… Vos paupières deviennent lourdes… Lourdes, lourdes, lourdes… Si lourdes que vous ne pouvez pas les garder ouvertes… Si lourdes qu'elles se ferment… Elles se ferment… Une torpeur vous gagne… Vous avez comme sommeil… Sommeil… Som, meil… De plus en plus sommeil… Vous avez de plus en plus sommeil… De plus en plus sommeil… Comme si vous n'avez pas dormi depuis des jours… Vos paupières se ferment…

Les yeux de Corinne se fermèrent et sa tête se pencha en avant comme si elle dormait.

— Vos paupières sont maintenant fermées… Elles se collent… Elles se collent… Vous dormez… Vous dormez… Vous dormez… Vous dormez… D'un sommeil de plomb.

Il passa derrière elle et plaça ses deux mains à plat sur sa tête.

Je vais compter à rebours et au fur et à mesure que je compterai à l'envers, vous allez remonter dans le temps, jusqu'au moment où votre problème a commencé. Vous allez vous rappeler les événements qui se sont passés alors. Mais, cela ne sera qu'un simple souvenir. Comme si c'était quelqu'un d'autre qui avait vécu ces événements.

Il commença à compter lentement, à partir de cent. Au bout d'un moment, la respiration de Corinne commença à se faire plus difficile. Elle fit quelques gestes d'impuissance. Sa tête se redressa et, les yeux toujours fermés, elle semblait assister à une scène pénible.

— Je… Je…

Corinne essayait de parler, mais elle n'y parvenait pas. Le docteur Boutet effleura légèrement ses lèvres et sa gorge.

— Vous pouvez parler. Vous pouvez parfaitement parler.

— Oui… Je vois Corinne. Elle a environ quinze ans. C'est le soir. Elle est dans son lit en train de lire. « Le soleil se lève aussi ». C'est le titre du livre. D'Ernest Hemingway. Elle entend le clapotis de l'eau dans la baignoire et une musique en sourdine. Sa mère est en train de prendre un bain. Elle entend un bruit dans l'escalier. Corinne laisse tomber le livre pour écouter, mais elle n'entend plus rien d'autre que le clapotis de l'eau. Elle reprend sa lecture quand de nouveau un craquement léger se fait entendre. Corinne est inquiète. Elle est morte de peur. Elle pose son livre tout doucement et tend l'oreille. Elle se lève et s'approche de la porte de sa chambre et y colle une oreille. Rien. Elle ouvre la porte et sort dans le couloir. Il n'y a personne. Elle avance sur la pointe des pieds jusqu'au coude que forme le couloir sombre. Elle aperçoit alors une silhouette qui avance avec précaution vers la salle de bains. C'est son père… C'est papa… Il pousse sans bruit la porte de la salle de bains et y entre avant de repousser doucement le battant. Corinne avance rapidement jusqu'à la porte. Elle y colle une oreille. Rien. Corinne s'apprête à faire demi-tour lorsqu'elle entend un bruit étouffé venant de la salle de bains. Elle pousse légèrement la porte et regarde par la fente. Elle a le temps de voir sa mère allongée dans la baignoire mousseuse regardant la silhouette. Le père de Corinne, on dirait que c'est lui, s'approche tranquillement de sa mère. La mère de Corinne dit quelque chose si faiblement que Corinne ne peut entendre. Le père de Corinne ne répond pas. Il pose vivement la main gauche sur la bouche de la mère de Corinne et la droite derrière la tête qu'il relève brusquement et rabat brutalement contre le bord de la baignoire.

La respiration de Corinne s'accéléra. Elle ouvrit les yeux, regardant droit devant elle, comme si elle regardait la scène qu'elle continuait à décrire.

— Corinne voit le corps de sa mère se relâcher. Son père la fait glisser dans la baignoire et lui maintient un instant la tête sous l'eau. Corinne met les deux mains sur la bouche pour ne pas hurler. Elle s'enfuit en direction de sa chambre, persuadée que son père allait aussi venir la tuer.

— Qu'as-tu fait ensuite ? demanda Thomas.

Le docteur Boutet lui fit signe de se taire. Corinne avait refermé les yeux et semblait fournir des efforts pour les rouvrir. Une expression de souffrance indicible sur le visage.

— Que s'est-il passé ensuite ? insistait Thomas.

Corinne eut un temps d'hésitation.

— Pourquoi me posez-vous cette question ?

Elle regarda autour d'elle.

— Qu'est-ce que je fais ici, dit-elle, les yeux toujours fermés ?

— Tu parlais… commença Thomas.

Le docteur Boutet lui fit signe de se taire. Il posa la main droite sur le front de Corinne. Au bout de deux minutes, ses yeux se refermèrent.

— Vous vous sentez bien… Très, très bien. Calme, détendue, reposée… Vous m'entendez parfaitement bien.

Il attendit encore un instant.

— Pouvez-vous me dire qui vous êtes ?

— Oui !

— Qui êtes-vous ?

— Euh… Estelle…

Elle fonça les sourcils l'air courroucé.

— Ah non ! Corinne !

Elle sembla réfléchir intensément, comme si un problème difficile se posait à elle.

— Je suis Corinne. C'est moi, Corinne. Mon dieu ! Mon dieu !

Elle se mit à pleurer comme une petite fille. Elle pleura ainsi longtemps, de plus en plus pelotonnée dans son fauteuil. Le docteur Boutet la laissa faire sans rien dire. Au bout de trois quarts d'heure, elle se rasséréna. Elle se leva et alla se blottir dans les bras de Thomas. Le docteur Boutet alla se rasseoir derrière son bureau.

— Je crois que vous pouvez terminer votre histoire maintenant ? N'est-ce pas ?

— Oui… Je crois que oui. Maintenant je me souviens de tout. C'est horrible.

— Avant de vous laisser continuer, je vous rappelle que je suis tenu au secret professionnel. Tout ce qui a été dit ici ne sera jamais révélé par moi. Et je ne vous en reparlerai jamais.

Thomas se sentait quelque peu inquiet.

— Est-ce que tu es sûre de pouvoir continuer ?

Il se tourna interrogatif vers le docteur Boutet.

— Soyez tranquille ! Son problème est définitivement terminé à présent. Plus exactement, avec sa personnalité d'aujourd'hui, elle peut y faire face.

— Oui, je me souviens de tout. Ce n'est vraiment pas très beau. J'ai... j'ai couru vers ma chambre. Je tremblais de peur. J'étais persuadée que mon père allait me tuer.

— Et alors ?

— Je me suis recouchée. J'ai dû m'endormir, terrassée par l'émotion je suppose. Je ne me suis réveillée que vers trois heures de l'après-midi, le lendemain. Je ne sais pas pourquoi. Peut-être une réaction nerveuse. J'ai repensé à la scène de la veille, mais j'ai d'abord cru avoir rêvé.

— Ton père était-il encore là ?

— Je ne sais pas. J'ai couru jusqu'à la porte de la salle de bains. Elle était fermée. J'ai attendu au moins dix minutes avant de me décider à l'ouvrir. La lumière était encore allumée et la radio diffusait toujours de la musique, en sourdine. Ma mère était allongée, la tête sous l'eau rosie de la baignoire, les yeux grands ouverts.

— Qu'as-tu fait alors ?

Corinne le regarda fixement.

— Je suis sortie de la salle de bains comme un automate, j'ai rempli à la hâte un sac de voyage, pris toutes mes économies et l'argent que mes parents gardaient à la maison pour les dépenses courantes et j'ai couru jusqu'à la gare de Montpellier. Un train partait, je suis montée en marche. Sans billet.

— Le train de Paris probablement ?

— Oui, mais je ne l'ai su qu'après. J'ai recherché un wagon vide, pour être tranquille. C'était un wagon de première. Il y avait seulement un homme qui ne s'est pas du tout occupé de moi.

— Finalement, tu es bien allée à Paris.

— En effet, c'est curieux, car je me souvenais d'avoir rencontré Serge à Paris, mais je ne savais plus ce que j'y faisais. Je ne le sais toujours pas d'ailleurs.

— Comment expliques-tu cela ?

— Je ne me l'explique pas. J'ai encore un trou en ce qui concerne toute cette époque.

Ses yeux s'embuèrent.

— Je me suis pelotonnée dans un coin du wagon et je crois que je me suis endormie. C'est le contrôleur qui m'a réveillée en me secouant. Je ne comprenais pas ce qu'il voulait. Mon cerveau était comme engourdi. Juste à ce moment-là, Serge est entré dans le compartiment. Il a parlé au contrôleur et a payé ma place.

— Que s'est-il passé ensuite ?

Corinne fit un effort pour s'en souvenir. Elle secoua la tête.

— Ah oui ! Serge était avec un de ses amis, l'homme qui était dans le compartiment à mon arrivée, quelqu'un de plus âgé que lui. Il m'a donné un comprimé pour me détendre.

— Et ensuite ?

— Ça, je ne parviens pas à m'en souvenir.

— C'est très important. C'est pourquoi j'insiste.

Corinne sourit, mais son sourire se termina par une grimace.

— La seule chose que je sais, c'est que l'on m'a retrouvée au bout de deux ans à Paris. J'étais toute nue sur le boulevard Saint-Germain en plein hiver, devant la Brasserie Lipp, le restaurant. Cela, je ne m'en souviens pas, on me l'a raconté. Je n'ai jamais su comment j'étais arrivée là. La police m'a longuement interrogée, mais je n'ai pas pu leur en dire plus.

— Vous avez probablement été droguée. Il faut dire qu'à quinze ans et après ce que vous aviez vécu, vous étiez très vulnérable. Et pour cette époque, il est possible que, malheureusement ou heureusement que cela ne vous revienne pas.

— J'avais même oublié la mort de ma mère. J'ai passé un an dans une clinique où j'ai été très bien soignée, cependant ils n'ont jamais réussi à me faire parler. Même en narco-analyse.

— Ça, c'est normal, vous ne vouliez pas dénoncer votre père, précisa le docteur Boutet.

— Il faut dire que j'avais des doses énormes de psychotropes. Jusqu'à quarante comprimés par jour.

— Malgré ce qu'il avait fait ? demanda Thomas.

Corinne ne répondit pas.

— Cela signifie que tu t'en souvenais ?

— Non, jusqu'à aujourd'hui, je n'avais aucun souvenir de ce qui s'était passé.

Le docteur Boutet toussa discrètement.

— Je pense que vous avez alors perdu le contrôle du processus. C'est beaucoup plus courant qu'on ne le croit. On finit par croire à ses propres histoires. Le cerveau a des facultés encore inconnues. Il peut prélever des éléments de diverses parties de la mémoire pour élaborer des histoires parfaitement cohérentes et vraisemblables. D'ailleurs, durant quelque temps encore, vous ne saurez pas vraiment ce qui est réel et ce qui est fictif, mais cela rentrera progressivement dans l'ordre. Là encore, votre cerveau saura faire la part des choses. Ce ne sont pas les événements qui conduisent cette construction, mais les réactions propres à chaque individu, la sensibilité de chacun. Le nom savant de ce processus est idiosyncrasie. Je vous conseille simplement de vous faire suivre par un psychologue durant quelque temps. Il est mieux d'en parler, pour évacuer la charge émotionnelle.

* * *

Dans la voiture qui les ramenait rue des Grives, Corinne bavardait légèrement. Thomas avait maintenant l'habitude de ses revirements inattendus. Tout était beaucoup plus clair, mais la situation était encore plus dramatique. Selon, le récit de Corinne, son père aurait tué sa mère et cela ne paraissait pas l'affecter outre mesure. Thomas préféra la distraire. Ils dînèrent légèrement dans un restaurant chinois. Un repas arrosé de thé au jasmin. Ensuite, ils allèrent voir un film comique dans un cinéma du centre de Montpellier. À aucun moment, ils ne parlèrent de ce qui restait malgré tout présent entre eux. Ils respectèrent instinctivement cet accord tacite.

Les problèmes n'avaient pas affecté non plus leur appétit sexuel. La nuit ne fut qu'une suite de reprises plus effrénées les unes que les autres. Ce n'est qu'au petit matin qu'ils finirent par s'endormir. Ils ne se réveillèrent que fort tard. L'état de grâce était passé. Ni l'un ni l'autre ne savaient comment sortir de l'imbroglio. Une tristesse infinie avait envahi le visage de Corinne.

— Le mieux serait que nous lui en parlions.

— En parler à qui ?

— À ton père, bien entendu.

— Tu es fou. Comment ferions-nous ? Et surtout, pourquoi ?

— Ne serait-ce que pour éclaircir la situation. En ce qui me concerne, je ne crois pas à la justice des hommes dans de tels cas. Cela ne fera pas revenir ta mère, s'il l'a vraiment tuée.

— Comment ? S'il l'a vraiment tuée ? Tu ne me crois pas ?

— Bien sûr que je te crois, mais tant que cela n'aura pas été confirmé, reconnaît que nous devons considérer sa mort comme une hypothèse ? Ce qu'a dit le docteur Boutet n'arrête pas de me trotter dans la tête.

— Je dois dire que je n'y ai pas compris grand-chose.

— En gros, si ton imagination a pu créer certaines choses, comme l'existence d'une sœur jumelle, dont tu sais à présent qu'elle n'a jamais existé, elle a bien pu inventer toute l'histoire ?

— Après six mois dans une clinique psychiatrique je suis retournée vivre avec mon père tout à fait normalement, mis à part quelques petits troubles du caractère.

— Si tu avais vraiment vu ton père tuer ta mère, tu ne crois pas que tu aurais peut-être eu quelques difficultés à vivre avec lui ?

— Jusqu'à maintenant, j'avais complètement oublié ce que j'avais vu cette nuit-là. De sorte que je ne comprenais pas la haine que je ressentais envers mon père alors qu'il s'est toujours très bien conduit avec moi. Je l'adorais et je le haïssais à la fois. Je me détestais aussi moi-même, mais à travers ma soi-disant jumelle.

— Et la prostitution ?

— Mes souvenirs sont très vagues, mais je ne crois pas que j'étais prostituée. En fait, j'ai vécu avec Serge et son ami. Ils vivaient ensemble. Ils étaient homosexuels. Ils ne m'ont jamais touchée. J'étais comme leur petite sœur ou l'enfant qu'ils auraient aimé avoir.

— Malgré tout, tu étais une mineure en fugue. Ils n'avaient pas le droit de te garder chez eux.

— Ils se sont très bien occupés de moi.

— Mais, tu n'étais pas scolarisée.

— J'ai suivi des cours par correspondance. J'avais tout ce que je voulais. Ils travaillaient tous deux dans la publicité et gagnaient très bien leur vie. Une femme de ménage passait tous les jours et nous mangions presque toujours au restaurant. J'avais de l'argent de poche, j'aurais donc pu partir n'importe quand.

— La situation n'était pas dramatique, c'est pourquoi elle a pu durer aussi longtemps.

— Par contre, je ne sais pas pourquoi ni comment je me suis retrouvée nue dans la rue. Ce n'était pas du tout mon genre de m'exhiber en public.

XIII
Le dénouement

Pierre était égal à lui-même, calme et réservé.

— Ça va les tourtereaux ?

Corinne alla embrasser son père comme d'habitude.

— Nous avons à vous parler, dit Thomas.

— Vous me paraissez bien sérieux… Vous avez une nouvelle à m'apprendre ? dit-il en faisant un clin d'œil.

— Entrons, voulez-vous !

Ils entrèrent dans la villa et s'installèrent autour de la table de la salle à manger.

— Alors ? Pourquoi faites-vous tant de mystère ? Corinne n'est pas malade ?

— Pas du tout ! Elle va même beaucoup mieux, si vous voyez ce que je veux dire !

— Je ne comprends pas…

— Corinne a retrouvé la mémoire. Elle est guérie.

Pierre regarda sa fille avec stupéfaction.

— C'est vrai ? lui demanda-t-il.

— Je sais que maman est morte, et je sais aussi comment.

— C'est incroyable, dit Pierre.

Des larmes jaillirent de ses yeux. Il pleurait à chaudes larmes.

— Excusez-moi, dit-il. C'est l'émotion, la joie.

Il se leva et s'avança vers Corinne.

— Ma petite fille. Ma petite fille.

Corinne bondit en arrière, renversant la chaise.

— Ne me touche pas ! Ne me touche pas ! hurla-t-elle.

Et elle s'enfuit en courant vers la cuisine, pleurant à gros sanglots. Pierre allait la suivre, mais Thomas s'interposa.

— Il vaut mieux la laisser pour l'instant. Vous savez très bien pourquoi.

— Je comprends. Moi aussi, mon émotion est forte. Quand on me l'a rendue après deux ans d'absence et six mois de clinique, je n'ai pas osé lui dire que sa mère était morte. Les médecins me l'avaient d'ailleurs déconseillé.

— Écoutez Pierre ! Nous sommes entre hommes et je n'ai pas l'intention de vous juger ni de vous mettre en cause pour des faits remontant à plusieurs années, alors, parlons franchement. Corinne sait, je dis bien : sait, ce qui s'est passé. Vous comprenez ? Elle a tout vu.

— Vous voulez dire qu'elle a assisté au meurtre ?

— Exactement !

— Je le savais !

— C'est tout ce que vous trouvez à dire ?

— Cela a été aussi un drame pour moi. Depuis six ans, je fais semblant de vivre, mais cela me ronge de l'intérieur. C'est vrai que je devrais bondir de joie en apprenant la guérison de Corinne, mais je suis sans forces, sans ressort.

Thomas s'approcha de lui presque menaçant.

— Quel jeu jouez-vous, Pierre ?

— Que voulez-vous dire ?

— Je vous ai dit qu'elle avait tout vu et vous continuez à parler comme si vous n'y étiez pour rien.

— Que devrais-je dire… ou faire, d'après vous ?

— Au moins, vous expliquer. Peut-être même regretter. Si Corinne est venue ici aujourd'hui, c'est pour cela. Elle n'a rien dit à personne, à par moi.

— Pour quoi, bon dieu ?

— Pour vous dire qu'elle sait que c'est vous qui avez tué votre femme, pardi !

— Moi ? Mais vous êtes devenu fou, ma parole. C'est elle qui vous a dit cela ? Elle le croit ?

— Bien entendu ! Je ne l'ai tout de même pas inventé.

Pierre s'effondra brusquement, le souffle court.

— Elle a cru que c'était moi le meurtrier ? Je n'étais pas à la maison ce soir-là. Je n'étais même pas à Montpellier.

— Elle croyait en effet que vous étiez à Paris, mais elle vous a vu. Vous êtes rentré en cachette pour tuer votre femme. Vous ne pouvez pas le nier ?

— Elle s'est trompée. J'étais vraiment à Paris cette nuit-là.

— Vous avez tué votre femme dans la salle de bains.

— C'est bien dans la salle de bains que le drame s'est passé, mais je vous le répète, j'étais à Paris.

— Cessez de mentir. Je vous dis que Corinne se souvient parfaitement de ce qui s'est passé.

— Ce n'est pas moi qu'elle a vu ! L'assassin était un vagabond, un marginal, qui a été arrêté le lendemain pour d'autres méfaits dans le quartier. C'est moi qui ai découvert le drame qui s'était passé chez moi en rentrant le surlendemain. Le meurtre et la disparition de Corinne.

— Vous mentez. Je vous dis qu'elle vous a reconnu.

— L'assassin avait encore les papiers de ma femme sur lui et il a avoué.

— Mais, alors… Vous ne l'avez pas tuée ?

— Suivez-moi, je vais vous montrer quelque chose.

Pierre sortit de la salle à manger, Thomas sur les talons. Ils descendirent à la cave. Il tendit une masse à Thomas, lui désignant une partie du mur.

— Frappez ici ! Je ne m'en sens pas la force.

Thomas frappa si fort qu'il faillit s'écrouler. La mince couche de briques dévoila une cavité. Il y avait une petite mallette métallique. Pierre la prit et la posa sur un établi. Il enleva une chaîne qu'il portait au cou. Une petite clé y était accrochée.

— Ouvrez-la, dit Pierre.

Thomas ouvrit la valise et y retira diverses coupures de journaux qu'il étala sur l'établi.

— Voyez vous-même ! L'assassin de Chantal a été arrêté dès le lendemain. Il avait sur lui des objets dérobés chez moi et on a retrouvé ses empreintes dans la salle de bains et dans tout l'appartement. Se croyant seul, il a pris tout son temps.

À mesure que Thomas lisait les différents articles, il avait l'impression que le voile épais qui recouvrait sa vie disparaissait progressivement laissant pénétrer enfin un petit rayon de soleil qui embrasait son corps et son esprit. Une sorte de joie puissante, bien que retenue, gonflait son être. Il se mit à rire, éparpillant les feuillets et les journaux autour de lui, il ne pouvait plus s'arrêter. La vie était belle soudain. Et légère. Il embrassa Pierre. Corinne et son père enfin réunis, mutuellement consolés. Il allait pouvoir vivre avec Corinne, amoureux pour l'éternité.

— Et Corinne ?

Tout à sa joie, il avait presque oublié qu'elle était seule avec son chagrin.

— Il faut vite le lui dire. Il rassembla hâtivement les coupures de journaux et se précipita vers l'escalier.

— Corinne ! Corinne !

Il criait comme un fou, courant vers la cuisine. Son élan et sa joie furent brisés net. Corinne était affalée sur une chaise, les deux bras ballants. Le sang coulait le long de ses mains formant deux flaques qui s'élargissaient lentement sur le carrelage blanc.

— Téléphonez au SAMU ! dit Thomas en déchirant son mouchoir.

Il fit rapidement un garrot.

Épilogue

Il leur a fallu du temps pour oublier et vivre enfin pleinement. L'ombre qui avait envahi son esprit a été dissipée. Maintenant ils peuvent ouvrir grand les yeux et regarder autour d'eux ; chercher la vie et retrouver le goût de vivre.

Imprimé en Allemagne
Achevé d'imprimer en juin 2023
Dépôt légal : juin 2023

Pour

Le Lys Bleu Éditions
40, rue du Louvre
75001 Paris

www.ingramcontent.com/pod-product-compliance
Lightning Source LLC
La Vergne TN
LVHW041102150826
845673LV00007B/1880